型紙いらずの着物リメイク
羽織と帯でつくるワードローブ

松下純子（Wrap Around R.）

羽織で作る

帯で作る

本書の着物リメイクの特徴

着物リメイクに興味はあるけれど
思い出深い着物をいきなりほどくには少し抵抗がある。
そんな声をよく聞きます。

でも「羽織ならそのハードルが下がる」という方、案外多いようです。

また「丈の短い羽織で洋服は作れない」
と思っている方も少なくありません。

じつは羽織、特に昔のものは布地がすそから内側に折り上げられているので
ワンピースや、チュニック、パンツにスカート、
裏地を使えばセットアップまで作れるんです！

さらに本書では、帯のリメイクもご提案しています。
帯はかたいので、小物は作れても、
ワードローブをリメイクするのには向かない、できないと
考える人も多いのですが、芯さえぬいてしまえば羽織地や着物地と同じ。
今回は帯の美しい織やししゅうを生かしたスカートをご紹介します。
もちろん、芯を生かしたバッグやかごなども掲載しています。

本書の羽織と帯のリメイクは、作り方にも大きな特徴があります。
ほどいて長方形になった羽織地（帯地）をまっすぐ縫い合わせていくだけなので、
すべて直線裁ちと直線縫いで作れるのです。
さらに基本の幅を生かしたデザインですから、
ほとんどはさみを入れずにすみます。

大切な羽織や帯が箪笥のこやしとなっている。
ソーイング初心者で不安。
羽織と帯のリメイクに困っていた。
そんな、皆様の悩みを解消する１冊となりますように。

サイズについて

- サイズはM～LLサイズに対応するフリーサイズです。
- 身幅は91～116cm。
- ウエストは60～100cm[作り方の材料はウエスト67cmで仕上がるゴム寸法を表記しています。サイズを変えたい場合はウエスト＋1cmのゴムを用意して調整してください]

※ P4、5の「すらりサロペット　スカート／パンツ」、P6、7の「キャミサロペット　スカート／パンツ」はデザイン的にゴム寸法にゆとりがあります。ゴム寸法は好みで調整しましょう。

羽織と帯のリメイクができるまで

1 下準備

羽織は、片そでだけをほどき、寸法を測ってからぬるま湯と重曹で洗う（詳細は下記 **3** 参照）。陰干しして、中温でアイロンをあてたら（スチームにしない）再び寸法を測り、洗う前の寸法と洗ったあとの寸法を比較し、縮み具合を確認する。5cm以上縮んでいたら、残念ながらその着物はリメイクにむきません。3cm程度の縮みの場合は、もう一度洗って、乾かしてみて、それ以上縮まなければ使えます。

2 羽織をほどく

もう片方のそでとえりを身頃からはずし、表地と裏地をはずす。最後に残りの部分を解体。古い着物は縫い糸が布になじみ、糸のすべりが悪くなっているので、引っ張らずに糸切りばさみかリッパーでひと目かふた目ずつ糸を切り、着物地を傷めないように丁寧にほどく。

3 重曹で手洗いする

たらい1杯分のぬるま湯（約 30℃）に重曹、液体せっけんを大さじ1ずつ入れてよくかき混ぜる。そこに四角くたたんだ **2** を入れて 10 分ほどつけ込む（色落ちがはげしい場合は、すぐにぬるま湯から引き上げて、水と重曹、液体せっけんを混ぜたものに5分程度つけ込む）。よくすすぎ、たらい半分の水にクエン酸ひとつまみを入れ、3分ほどつけ、最後に、軽くしぼる。

※ 環境のためには重曹やクエン酸を使うのがおすすめ。なければ、おしゃれ着用の中性洗剤で水洗いしてもよい。

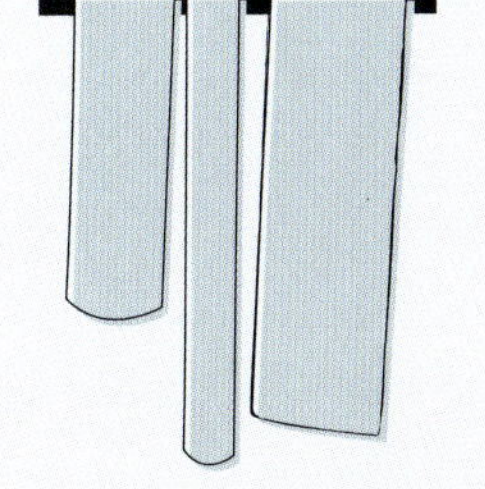

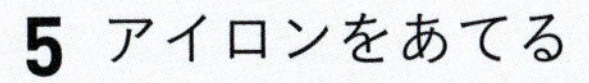

4 陰干しする

ぬれた着物地に軽く中温でアイロンをあてて、しわをのばしてから陰干しする。

5 アイロンをあてる

乾いたら、再度、着物地にあて布をして、中温のスチームアイロンをかけてしっかりのばす。

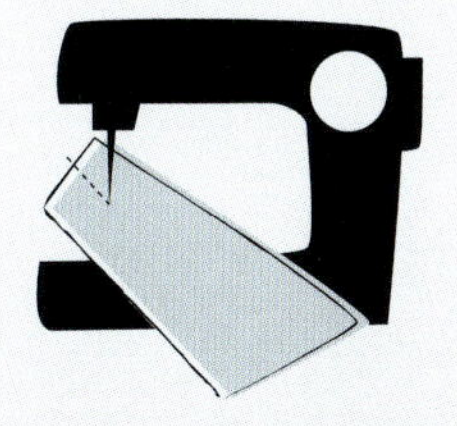

6 裁断し、ミシンで縫って完成！

ウールや厚手の正絹、木綿は縫いやすいので初心者向き。綸子などのやわらかい布は、すべりやすく縫いにくいので、まち針を多めに打つなどするとよい。

● 帯は仕立ててからクリーニングへ！

帯は水で洗わず、先に仕立てる。その後、ドライクリーニングする。帯の詳細については P33 参照。

羽織で作る

すらりサロペット・スカート

Vネックのサロペットスカート。ウエストは総ゴム、太ベルトで楽に着られます。子どもっぽくなりがちなデザインですが、肩のベルトを太くして大人っぽい雰囲気に。紬など張りのある生地で作ると快活なイメージになります。使用した羽織地は紬。

作り方はP34

すらりサロペット・パンツ

「すらりサロペット・スカート」をパンツスタイルにアレンジしました。ワイドパンツなので動きやすく体型もカバーしてくれます。厚手の羽織地で作っても素敵ですが、やわらかい羽織地で作るとよりエレガントな雰囲気に。使用した羽織地は正絹。

作り方はP36

キャミサロペット・スカート

サロペットのスカート。小花柄でかわいらしい羽織地を使ってフェミニンなスタイルに。胸当て部分を大きくすると子どもっぽくなりすぎるので、あえて小さめのデザインにしています。使用した羽織地は正絹。

作り方はP52

キャミサロペット・パンツ

「キャミサロペット・スカート」をパンツスタイルにアレンジしました。前パンツのタックを中央から少し横にずらしてとっていることで女性らしい雰囲気にも。ふだん着として着ていた絣模様の羽織を使っているので、家事や庭仕事などの仕事着としてもぴったりです。使用した羽織地は正絹。

作り方はP52

ポッケ・パンツ

羽織の前身頃を使った、少し細身のパンツ。1枚のパーツで簡単にできる脇ポケットがポイントです。作るワイドパンツは動きやすく、体型もカバーし、たてじま柄でさらにすっきりしたイメージに。使用した羽織地は正絹。

作り方はP40

ポッケ・スカート

「ポッケ・パンツ」のアレンジでスカートに。銘仙は生地が薄いので、おしりに負荷のかかるパンツではなくスカートにしました。大胆な柄を生かせるデザインです。簡単にできる脇ポケットつきで、後ろにはスリットが入っています。使用した羽織地は正絹（銘仙）。

作り方はP40

ティアードスカート

絞りで作るティアードスカートです。1段めよりも2段めのスカートにギャザーを寄せてボリュームを出し、ふんわりとした女性らしい雰囲気に。絞りの生地は、しぼをつぶさないよう洗いざらしで使用します。使用した羽織地は正絹（絞り）。

作り方はP42

ティアードスカート・ロング

「ティアードスカート」にもう1段スカートを足してロング丈にアレンジ。ウエストはゴムなので着やすいのもポイントです。3段にすることでよりエレガントに。華やかな小紋で作りました。使用した羽織地は正絹。

作り方はP42

つぼみジャンパースカート

胸元にゴムを入れてギャザーを寄せる、ゆったりした丸首のジャンパースカート。ウールで作ると秋冬にも重宝する1枚に。布を折り上げて作る大きな外ポケットは物もたっぷり入って便利です。使用した羽織地はウール。

作り方はP44

つぼみジャンパースカート・ロング

「つぼみジャンパースカート」をロング丈にアレンジしました。やわらかい生地で作るとよりフェミニンなスタイルに。おしゃれな部屋着としても、気軽なお出かけ着としても重宝します。使用した羽織地は正絹。

作り方はP44

フリルベスト

羽裏をベストにしました。中央の黒いフリルは、羽織の表地を使って。羽裏は、面白い柄や華やかなものも多いので、短い丈の服にリメイクして重ね着すると着やすく、ファッションポイントにもなります。使用した羽織地は正絹。

作り方はP46

フリルベスト・ロング

「フリルベスト」をアレンジしてロング丈に。羽織の黒い表地をメインに、中央のフリルは、羽裏を使って。V字に開いた胸元が首まわりをすっきり見せます。ボタンなどをつけずにかぶるスタイルなので、作るのも着るのも簡単です。使用した羽織地は正絹（綸子）。

作り方はP46

かさねチュニック

着物のように胸元を重ね合わせたデザイン。やわらかい羽織地で作って、やさしい雰囲気に。作り方ページにある脇身頃の幅を調整することで、自分にあった身幅にできます。使用した羽織地は正絹。

作り方はP48

かさねチュニック・ミディアム

「かさねチュニック」をアレンジしてミディアム丈に。張りのある羽織地で作りました。明るい色目の羽織地も無地の服と重ね着することで着こなしやすくなります。使用した羽織地は正絹。

作り方はP48

リリージャンパースカート・ロング

かぶるだけでいいジャンパースカートは人気のアイテムです。
ファスナーもボタンもなく作りやすいのもうれしいポイント。
ウエストにギャザーを寄せて優しい印象に。やわらかい生地
で作るとさらにエレガントに。使用した羽織地は正絹。

作り方はP50

リリージャンパースカート

「リリージャンパースカート・ロング」の丈違いです。張りのある生地やシックな色合いで作ると、デイリーウエアとしても、ちょっとしたよそいきとしても活躍します。作り方ページにある脇身頃の幅を調整することで、自分にあった身幅にできます。使用した羽織地は正絹。

作り方はP50

あわせワンピース・ロング

胸元を深くした大人っぽいデザイン。スカートの中央にはタックをとって、すっきりしたラインにしています。作り方ページにある脇身頃の幅を調整することで、自分にあった身幅にできます。使用した羽織地は正絹（銘仙）。

作り方はP60

あわせワンピース

「あわせワンピース・ロング」の丈違いです。小花柄のかわいい生地で作るとカジュアルな印象に。ウールなど重量感のある生地で作ることもおすすめ。下に重ねるブラウスやセーターなどでいくらでも雰囲気が変わるので着回しが楽しくなるデザインです。使用した羽織地は正絹（縮緬）。

作り方はP60

リボンブラウス

1枚の羽織からブラウスとスカートのセットアップを作りました。グレーの羽織をブラウスにし、幾何学柄のリボンは、羽裏で。使用した羽織地は正絹(綸子(りんず))。

作り方はP56

タックスカート

羽裏をたたんでタックにしたスカート。羽裏の幾何学柄がちらりと見えるデザインです。タックの位置はお好みで自由に！　使用した羽織地は正絹（綸子）。

作り方はP56

「リボンブラウス」と「タックスカート」を合わせてセットアップに。ブラウスのすそをインすればワンピースのようにも。1枚の羽織で、ブラウス、スカート、セットアップと3通りのファッションが楽しめます。

帯で作る

リボンスカート

帯から作ったスカートです。インパクトのある柄は中央に配置し、無地の部分を両脇にもってくることでバランスがよくなります。ウエストに縫いつけたリボンにはゴムを通し、クシュッとさせたデザインにしています。使用した帯地は正絹。

作り方はP38

ふたえスカート

夏用の絽（ろ）の帯で作ったスカートです。芯地の白い生地を内側のスカートにし、透けた帯を重ねて、柄を浮かび上がらせています。透けた感じを際立たせることでとてもモダンに。使用した帯地は正絹（絽）。

作り方はP37

あわせスカート

紬の帯で作った、巻きスカートのように見える印象のウエストゴムのスカート。帯が総柄でない場合、裏側の無地の帯地と組み合わせて作ることでデザインにメリハリが出ます。使用した帯地は正絹(紬)。

作り方はP39

へこおびワンピース

男物のへこ帯(おび)で作ったシックなワンピースです。へこ帯の端の絞りの部分は、縮みやすいので、あえて洗いざらしで使い、そでに使うとちょうどいいアクセントに。重ね着すればオールシーズン楽しめます。使用した帯地は正絹。

作り方はP54

ふさふくろ

P24の「リボンスカート」と同じ帯で作るバッグです。持ち手には男物の羽織ひもを使用。ふさの部分をあえて見せるデザインにしています。使用した帯地は正絹。

作り方はP58

あわせポシェット

作り方はP59

P26の「あわせスカート」と同じ帯で作ったポシェットです。ダーツを入れて立体感を出しているのがポイント。ふたの部分だけ帯の柄を使用しています。使用した帯地は正絹（紬）。

ふたえリュック

作り方はP58

P25の「ふたえスカート」と同じ帯で作るリュックです。内袋は、帯の芯地を使用して、生地の重なりを楽しみます。リュックにせずに、巾着にしても。使用した帯地は正絹（絽）。

おびトート

帯の裏面の柄の入っていない銀の部分で作ったトートバッグ。芯地も入れたまま作るので、しっかりとしたバッグができます。使用した帯地は正絹。

作り方はP62

おびトート・よこなが

「帯トート」のまちを大きくとって横長デザインにしたもの。作り方は同じです。バッグの内側に柄がある状態であえて裏地はつけずカジュアルな印象にしています。使用した帯地は正絹。

作り方はP62

おびかご（大・小）

帯の幅をそのまま生かして、端を縫い合わせただけの、すぐに作れるボックスです。大きいサイズは帯を縫いつないで横幅を2倍にして作ります。口の折り返し部分の折りがつきにくい場合はまつり縫いで縫いとめましょう。見せる収納ボックスとしても活躍します。使用した帯地は正絹。

作り方はP43

着物リメイク Q&A

Q 使わないほうがよい着物地はありますか？

A 縮みがはげしい、絞りの着物はあまりむきません。

洗った際の縮みがはげしいため、絞りは洋服のお仕立てにはあまりむきません。小物などに使うといいでしょう。また、すそやえりぐりなどの力のかかる部分の布は縦横に引っぱって、強度を確かめてから使いましょう。

Q 裁縫が苦手でまっすぐ縫えません！

A マスキングテープを利用しましょう。

写真のように、ミシンの針が落ちるところから、縫い代の分1cm離れたポイントに、5cm長さのマスキングテープを貼り、そのラインに沿って着物地を置いて縫うと、縫い代1cmでまっすぐ縫うことができます。

Q どんな道具が必要ですか？

A 特別な道具はほとんどいりません。

ⓐミシン ⓑ針さし ⓒマスキングテープ ⓓ直角定規 ⓔカッティングマット ⓕメジャー ⓖチャコペンシル ⓗ目打ち ⓘリッパー ⓙロータリーカッター ⓚゴム通し ⓛ糸切りばさみ ⓜ手芸ばさみ
これらがあれば完璧です。ⓓⓔⓙはなくても作れますが、着物地を扱うには、あるととても便利です。

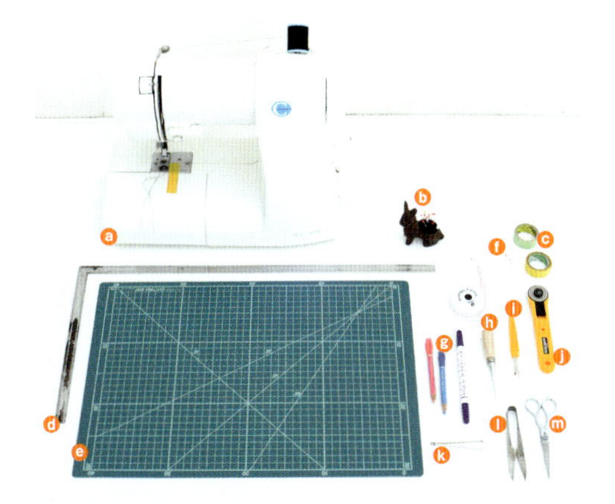

Q しみのある着物をうまく使うには？

A 内側に折り返す部分に使うといいでしょう。

小さなしみや日焼けがある着物を使う場合は、汚れが表から見えない内側や折り返し部分にくるようにしましょう。

Q 裁断したら、どの部分に使うものか分からなくなってしまった！

A マスキングテープで印をつけておくと便利です。

マスキングテープに、「前身頃」など各名称を書いて、布の表に貼っておくといいでしょう。柄の上下もこうすると見分けられます。

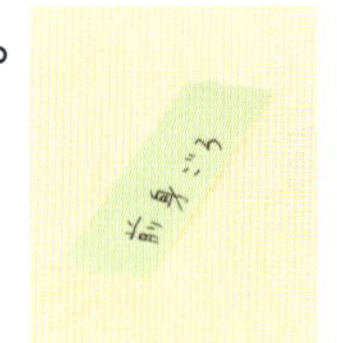

Q ロータリーカッターで布を上手に裁つコツは？

A 下から上に！

写真のように着物地に直角定規を置いて、自分から見て下から上に、一気にロータリーカッターをすべらせると、きれいに布が裁てます。

Q 脇の縫い合わせが、ぐしゃぐしゃになってしまいます！

A 縫い代を縫わないようにしましょう。

よくある失敗がこれ。布を直角に縫い合わせるとき、縫い代の端まで縫ってしまうと布がつれてしわになり、見栄えの悪い仕上がりに。写真のように縫い代の手前で縫いとめ、縫い代を倒してから、また縫い始めましょう。

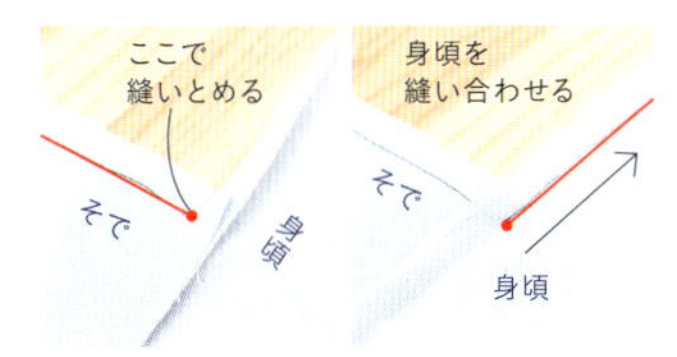

Q 着物を広げて裁つ場所がありません！

A 二つ折りにして裁てばOK。

長い布を裁つときは、写真のように、布を二つ折りにして裁断すれば、半分のスペースでOK。

作り始める前に

羽織と帯、それぞれの部位の名前と展開図です。

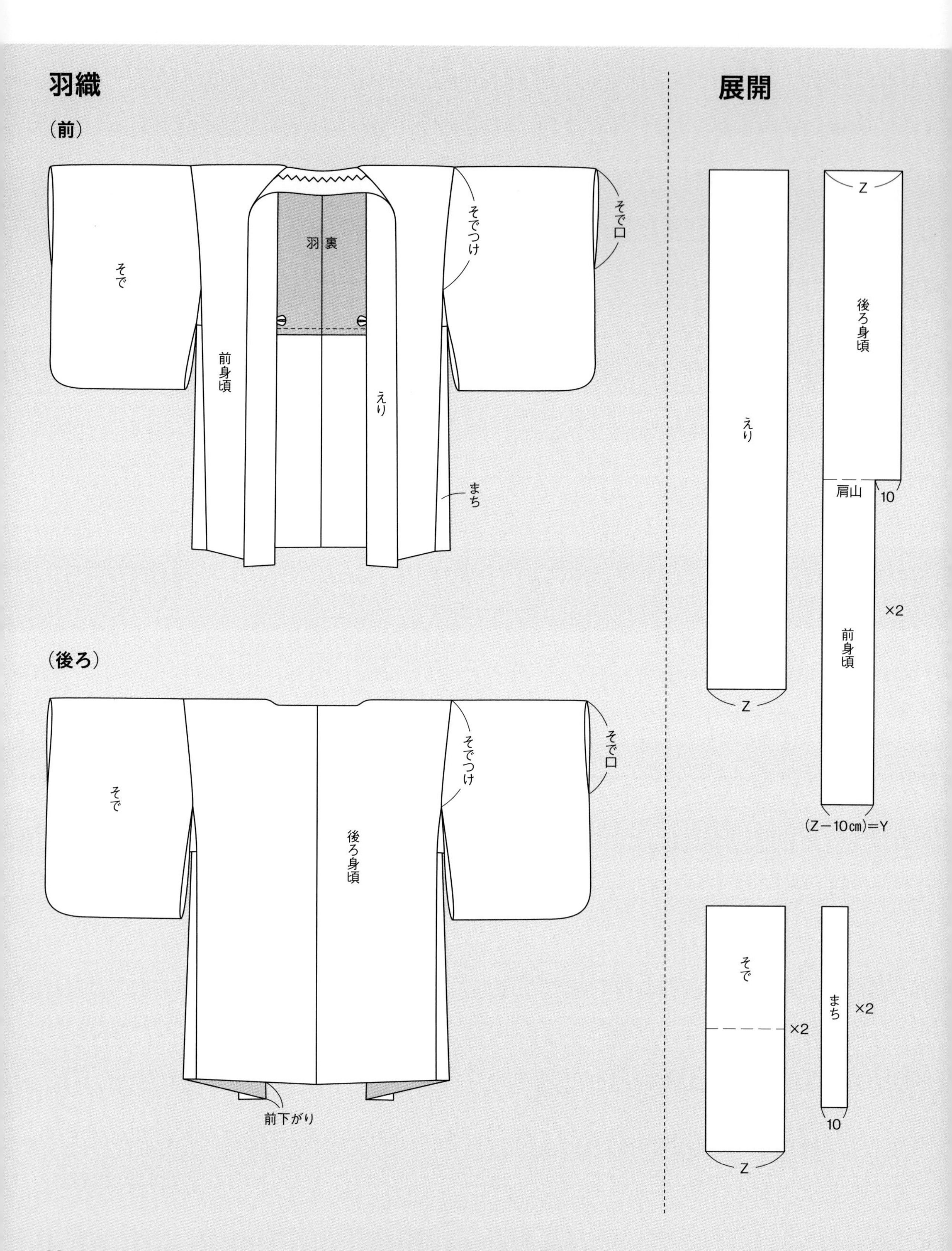

帯

- 本書では名古屋帯と袋帯を使用していますが。指定のないものは、どちらの帯でも作れます。名古屋帯も袋帯も袋状に２枚の布が重なっているので、ほどいて芯を抜き、１枚にして使ってください。また、名古屋帯は手先をほどいて使います。
- ただし、小物は、ほどかず２枚のままで裁断します。縫いづらい場合は芯を抜きましょう。

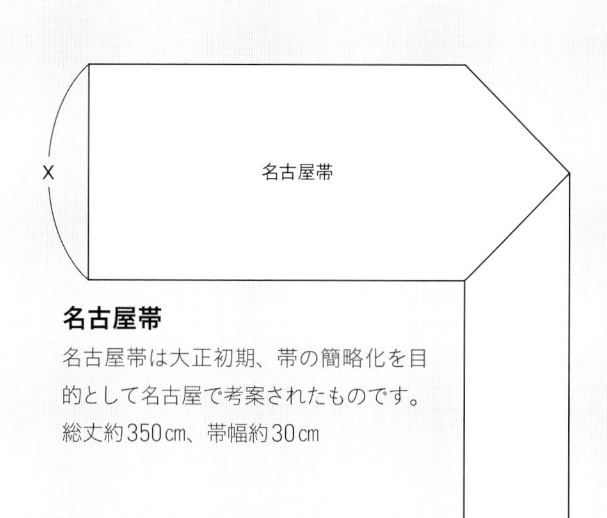

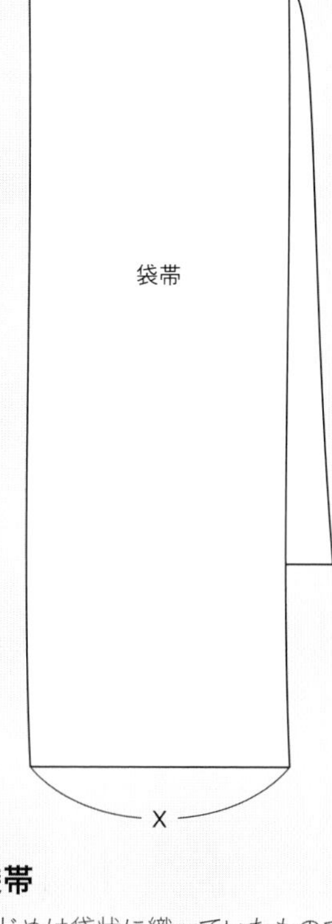

名古屋帯

名古屋帯は大正初期、帯の簡略化を目的として名古屋で考案されたものです。
総丈約350㎝、帯幅約30㎝

へこ帯

P27の「へこ帯ワンピース」で使用。へこ帯には子ども用と大人用がありますが、本書では大人の男性用・幅が約74㎝あるもので作っています。
一般的に、幅が約74㎝ある「大幅」と約50 ㎝の「中幅」のもの、無地、部分的に絞りをほどこしてあるものから、全体にある総しぼりのものまであります。
ここでは部分的に絞りが入ってるものを使用。
総丈約380～400㎝。

袋帯

はじめは袋状に織っていたもので礼装、略礼装用に使われることが多く、華やかで贅沢なデザインのものが多いです。
総丈約420㎝、帯幅約30㎝

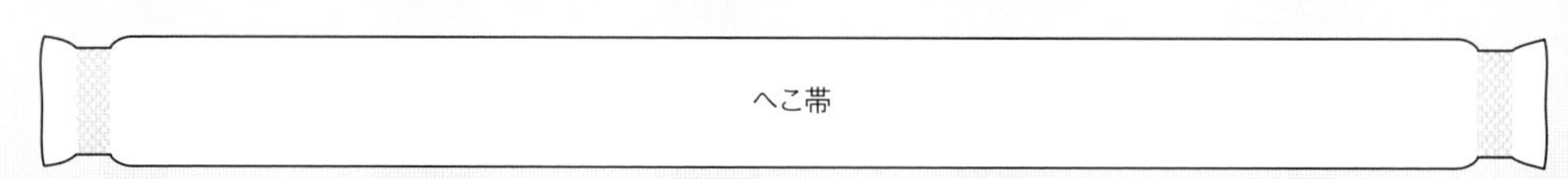

羽織と帯の標準サイズ

Z［羽織のえり、そで、後ろ身頃の幅］＝約33～38㎝
Y［羽織の前身頃の幅］＝約23～28㎝
X［帯幅］＝約30㎝
Z、Yは時代によって幅の大きさが異なる。
特に胸囲を広くとるものは、仕上がり寸法を確認してから作り始めること。

❶ 指定された部分の布の長さが足りなかったり、大きなしみがついていて使えない場合は、同じ寸法がとれる他の部分を使う。

P34以降［作り方解説］の共通ルール

- 耳以外の布端の処理は、ほつれないようにロックミシン、またはジグザグミシンをかけておく。作り方の図では省略している。※三つ折りにするところはかけなくてよい。
- 縫い糸はすべて、強度が強く縫いやすい、ポリエステルのミシン糸がおすすめ。

すらりサロペット・スカート

Photo P04

材料
羽織…1枚
5㎝幅のゴムテープ…74㎝
　P2「サイズについて」参照

作り方　※布端の処理はP33を参照
1 スカートの前中心、後ろ中心をそれぞれ縫い、タックをたたむ
2 脇を縫い、ゴム通し口を作る
3 ウエストを始末する
4 すそとスリットを始末する
5 肩ひもを作る
6 スカートに肩ひもを縫いつける
7 ゴムテープを通す

●裁断寸法（縫い代を含めた寸法）　単位＝㎝　Z＝羽織のえり・そで・後ろ身頃の幅

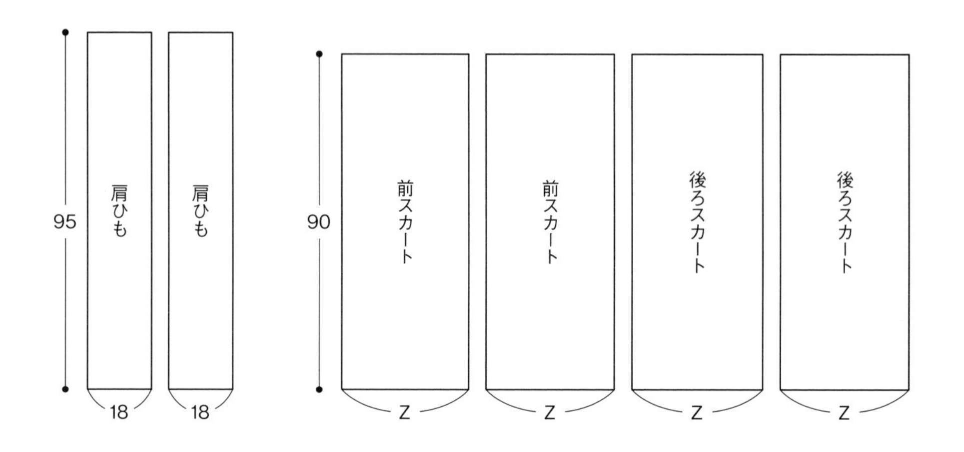

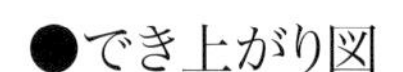

●でき上がり図

1.スカートの前中心、後ろ中心をそれぞれ縫い、タックをたたむ

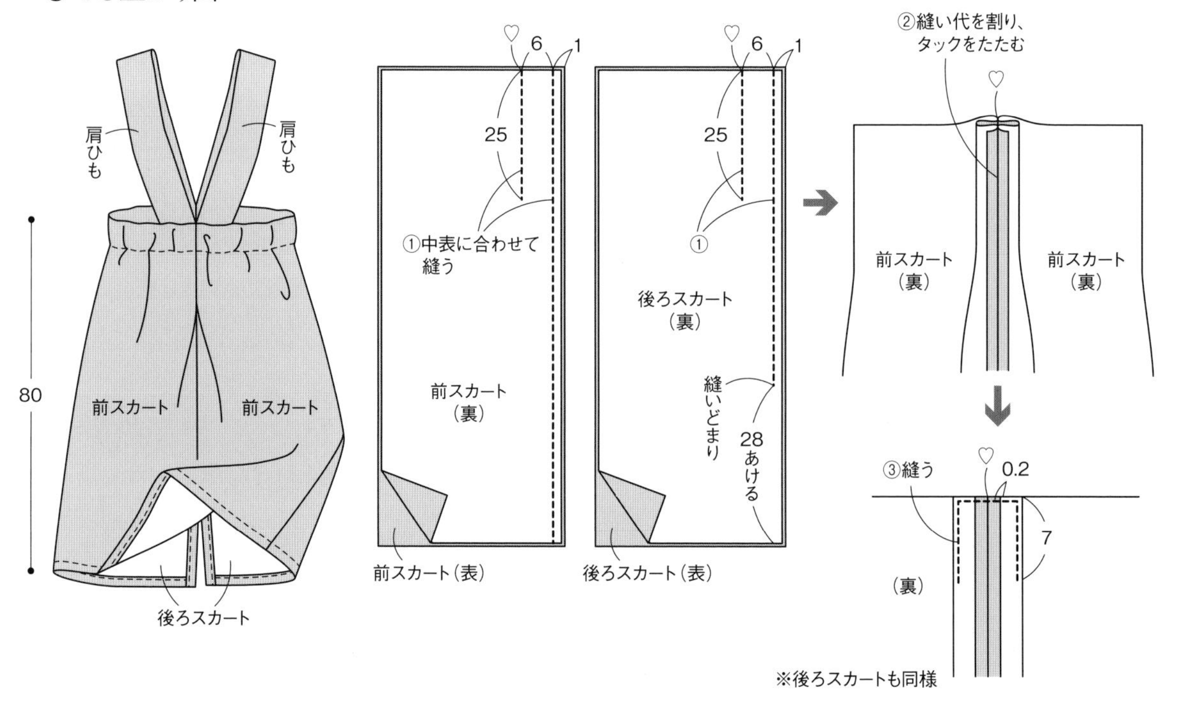

2.脇を縫い、ゴム通し口を作る

1.5縫う
4ゴム通し口あける
①中表に合わせて縫い、縫い代を割る
①
1
1
前スカート（裏）
前スカート（裏）
後ろスカート（表）
②ゴム通し口のまわりを縫う
0.2
（裏）

3.ウエストを始末する

1
三つ折りにして縫う
6
前スカート（裏）

4.すそとスリットを始末する

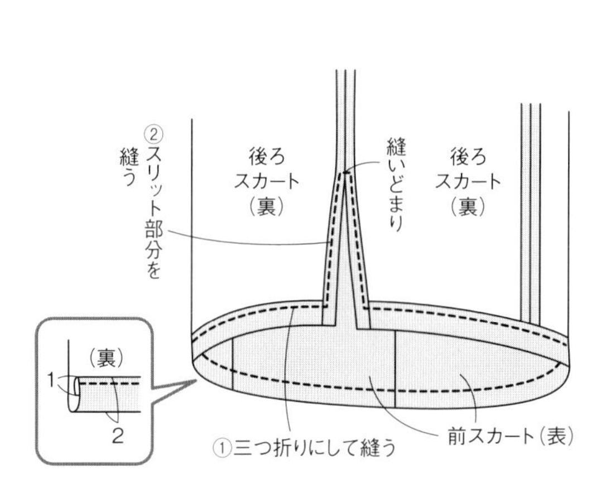

5.肩ひもを作る

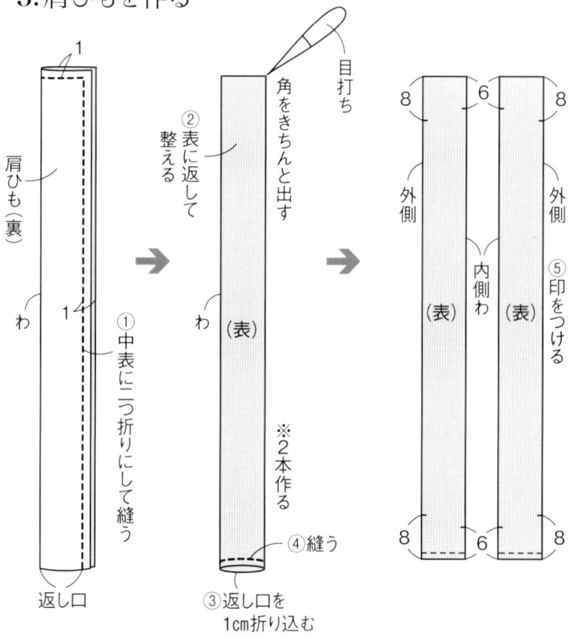

6.スカートに肩ひもを縫いつける

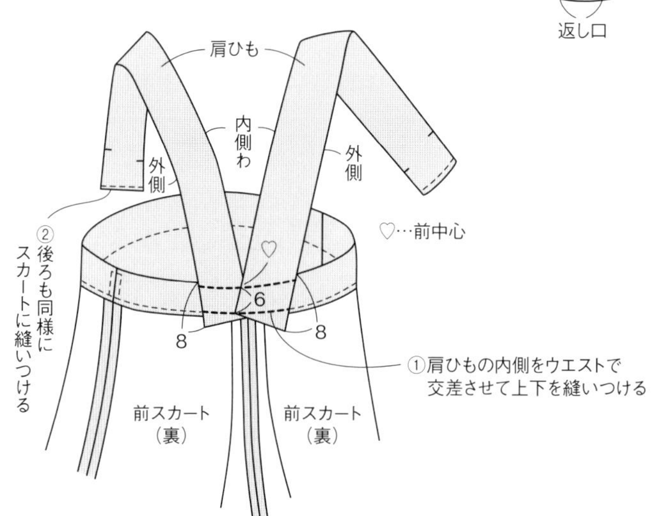

7.ゴムテープを通す

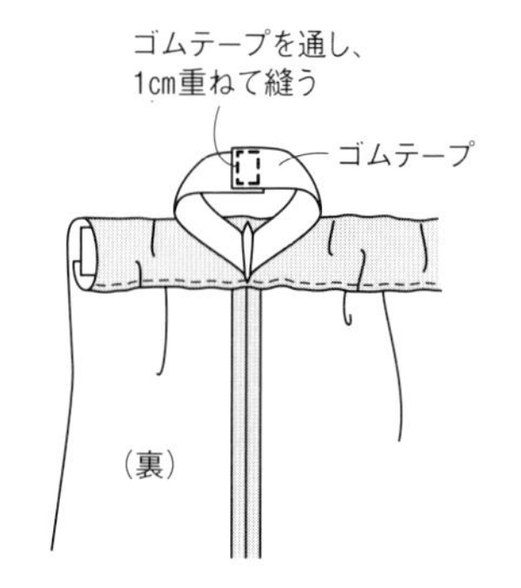

すらりサロペット・パンツ

Photo P05

材料
羽織…1枚
5㎝幅のゴムテープ…74㎝
　P2「サイズについて」参照
1.2㎝幅の伸びどめ接着テープ…110㎝

作り方 ※布端の処理はP33を参照
1 パンツの前中心、後ろ中心をそれぞれ縫い、タックをたたむ
2 まちをつける
3 脇を縫い、ゴム通し口を作る（P35の2参照）
4 ウエストを始末する（P35の3参照）
5 ポケットを作り、つける
6 股下を縫い、すそを始末する
7 肩ひもを作る（P35の5参照）
8 パンツに肩ひもを縫いつける（P35の6参照）
9 ゴムテープを通す（P35の7参照）

●裁断寸法（縫い代を含めた寸法）

単位＝㎝　Z＝羽織のえり・そで・後ろ身頃の幅

※肩ひも、前パンツ、後ろパンツの製図はP34参照。
前パンツ、後ろパンツはP34の前スカート、後ろスカートと同寸

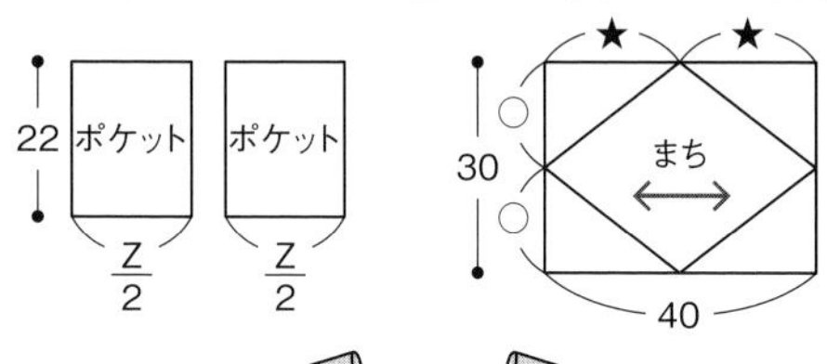

●でき上がり図

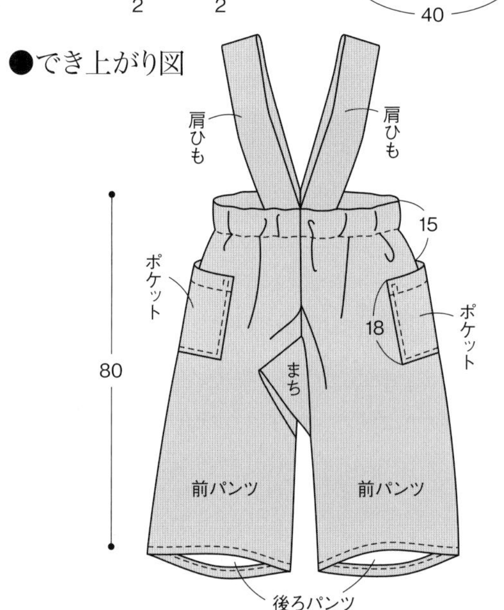

1.パンツの前中心、後ろ中心をそれぞれ縫い、タックをたたむ

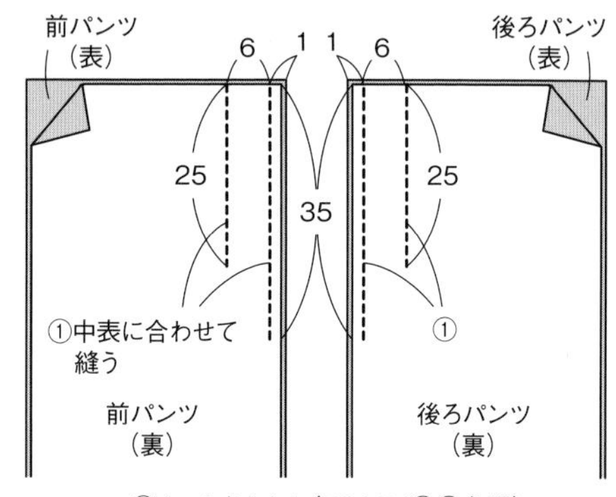

2.まちをつける

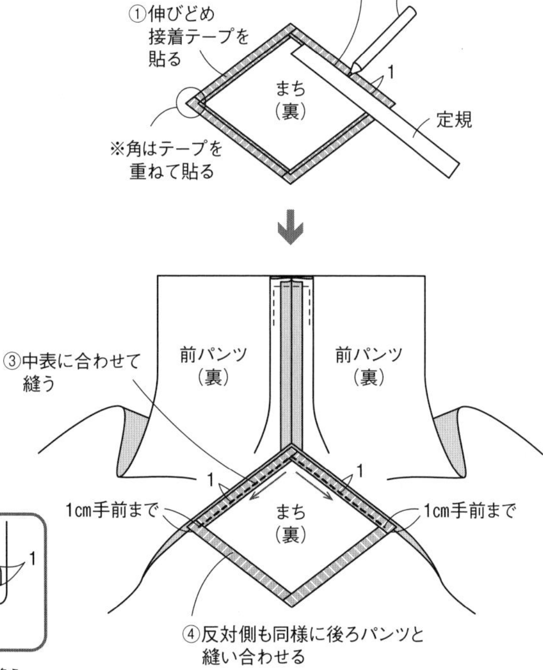

5.ポケットを作り、つける

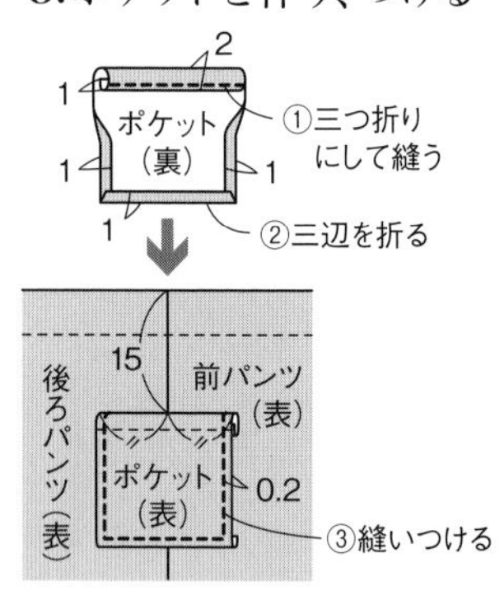

6.股下を縫い、すそを始末する

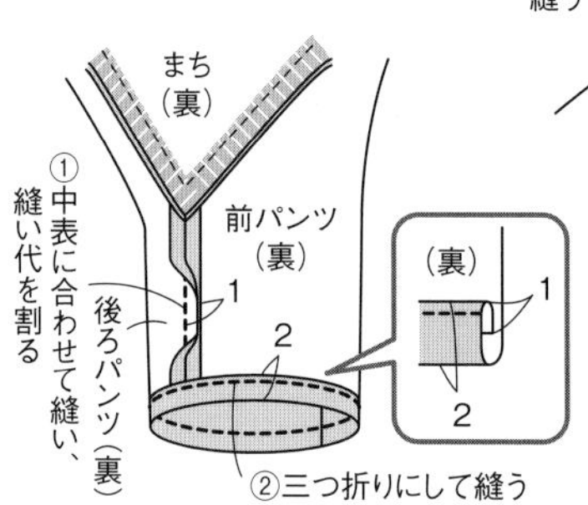

ふたえスカート

Photo P25

材料
帯…1本
裏地前、裏地後ろスカート用の別布
（厚地の綿または帯の芯地の白い布）
…帯幅×62cmを4枚
3cm幅のゴムテープ…68cm
（ウエストに合わせる）

作り方 ※布端の処理はP33を参照
1 スカート4枚を縫い合わせ、すそを始末する
2 裏地スカート4枚を縫い合わせ、すそを始末する
3 スカートと裏地スカートを重ねてウエストを縫う
4 ウエストにゴムテープを通す（P43の4参照）

●裁断寸法（縫い代を含めた寸法） 単位=cm X=帯幅

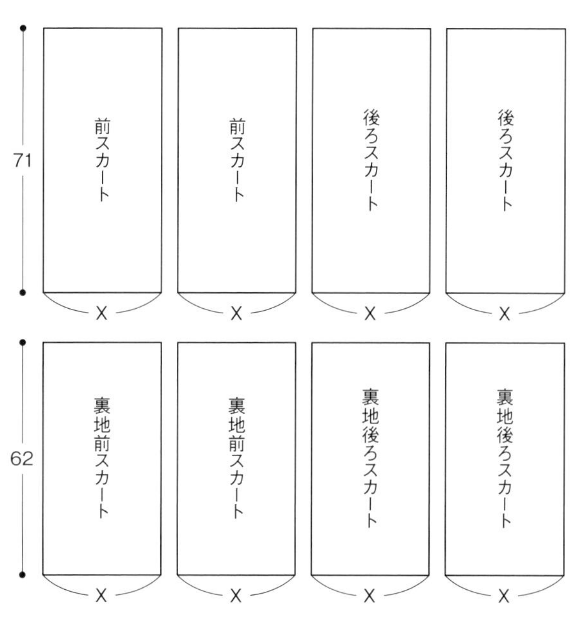

●でき上がり図

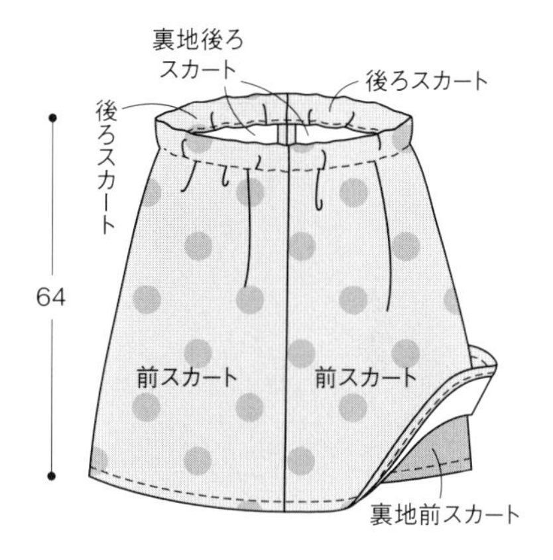

1.スカート4枚を縫い合わせ、すそを始末する

2.裏地スカート4枚を縫い合わせ、すそを始末する

3.スカートと裏地スカートを重ねてウエストを縫う

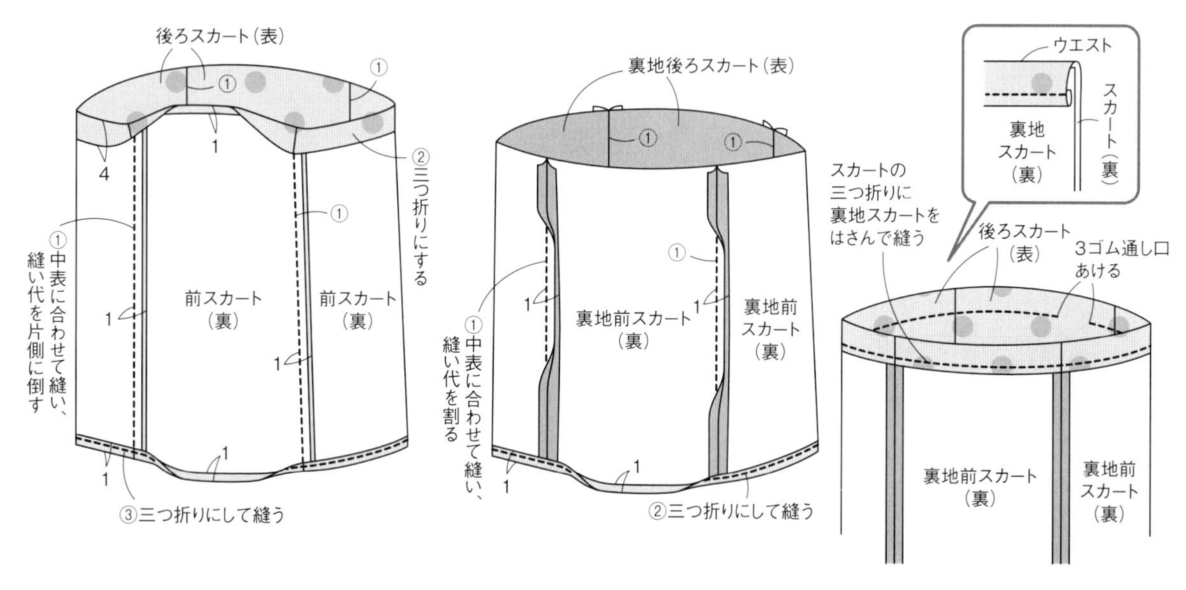

リボンスカート

Photo P24

材料

帯…1本
裏地スカート用の別布
（綿のギンガムチェック）…約69×120cm
3.5cm幅のリボンテープ…約218cm
2.5cm幅のゴムテープ…68cm
（ウエストに合わせる）

作り方 ※布端の処理はP33を参照

1 スカート4枚を縫い合わせ、リボンテープをつける
2 スカートを輪に縫い、すそを始末する
3 裏地スカートを作る
4 スカートと裏地スカートを縫い合わせ、ゴムテープを通す

●裁断寸法（縫い代を含めた寸法）

単位=cm
X=帯幅

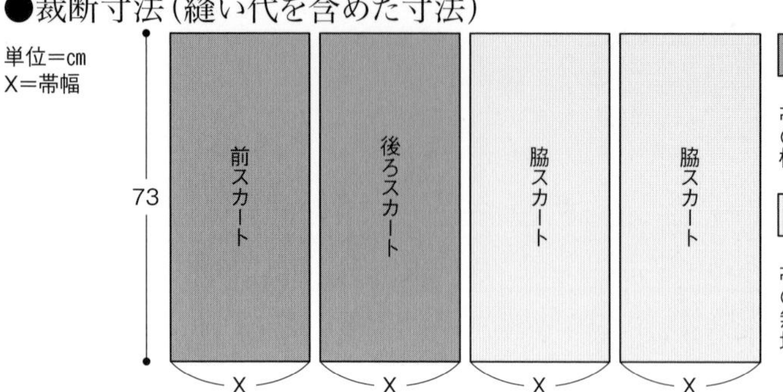

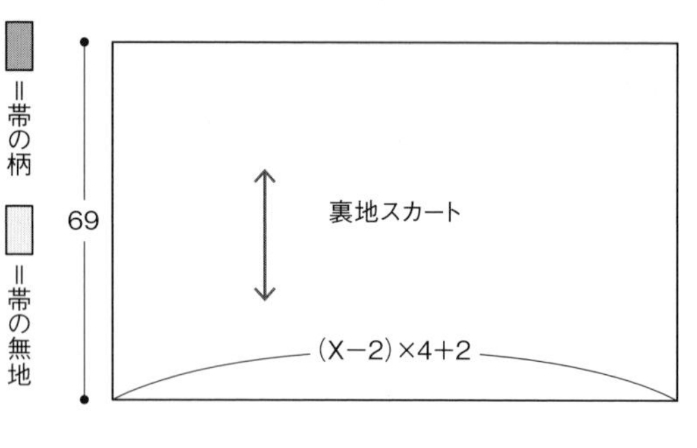

●でき上がり図

1.スカート4枚を縫い合わせ、リボンテープをつける

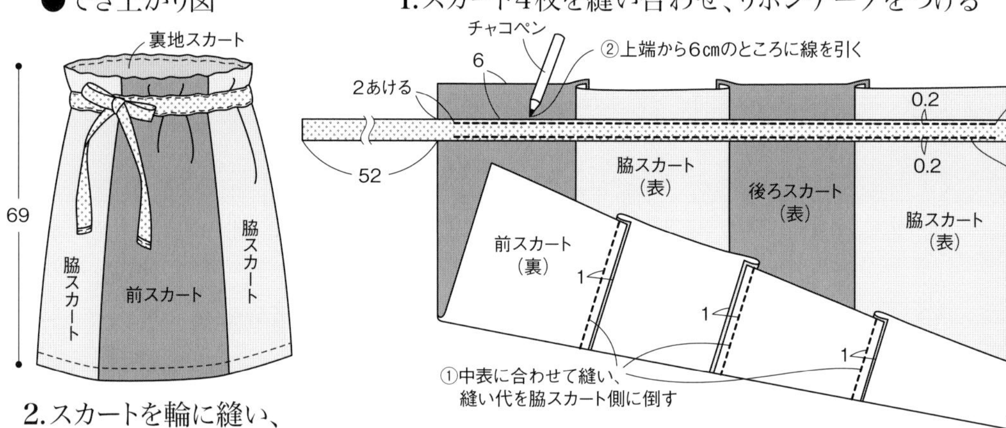

2.スカートを輪に縫い、すそを始末する

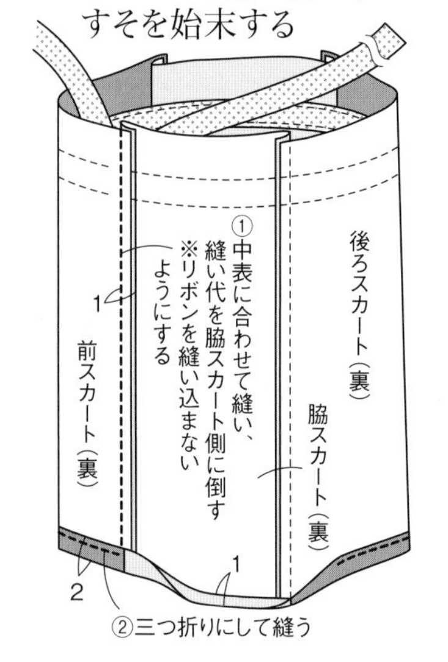

3.裏地スカートを作る

裏地スカート（裏）
①中表に合わせて縫い、
縫い代を片側に倒す
1
②三つ折りにして縫う

4.スカートと裏地スカートを縫い合わせ、ゴムテープを通す

裏地スカート（裏）
1
①中表に合わせて縫う
前スカート（裏）
脇スカート（裏）
0.2
②表に返して整えて縫う
スカート（表）
裏地スカート（裏）
裏地スカート（表）
③ゴムテープを通し、1cm重ねて縫う
④先を三つ折りにしてまつる
リボンテープ（裏）
（表）
1

あわせスカート

Photo P26

材料

帯…1本
裏地前スカート用の別布…帯幅×65㎝
2.5㎝幅のボタンホールつきゴムテープ
　…45㎝
直径1.6㎝のボタン…1個

作り方　※布端の処理はP33を参照

1 左前スカートに裏地前スカートをつける
2 右前スカートと後ろスカートを縫い合わせ、すそを始末する
3 左前スカートと後ろスカートを縫い合わせ、ウエストを始末する
4 後ろウエストにゴムテープを通す

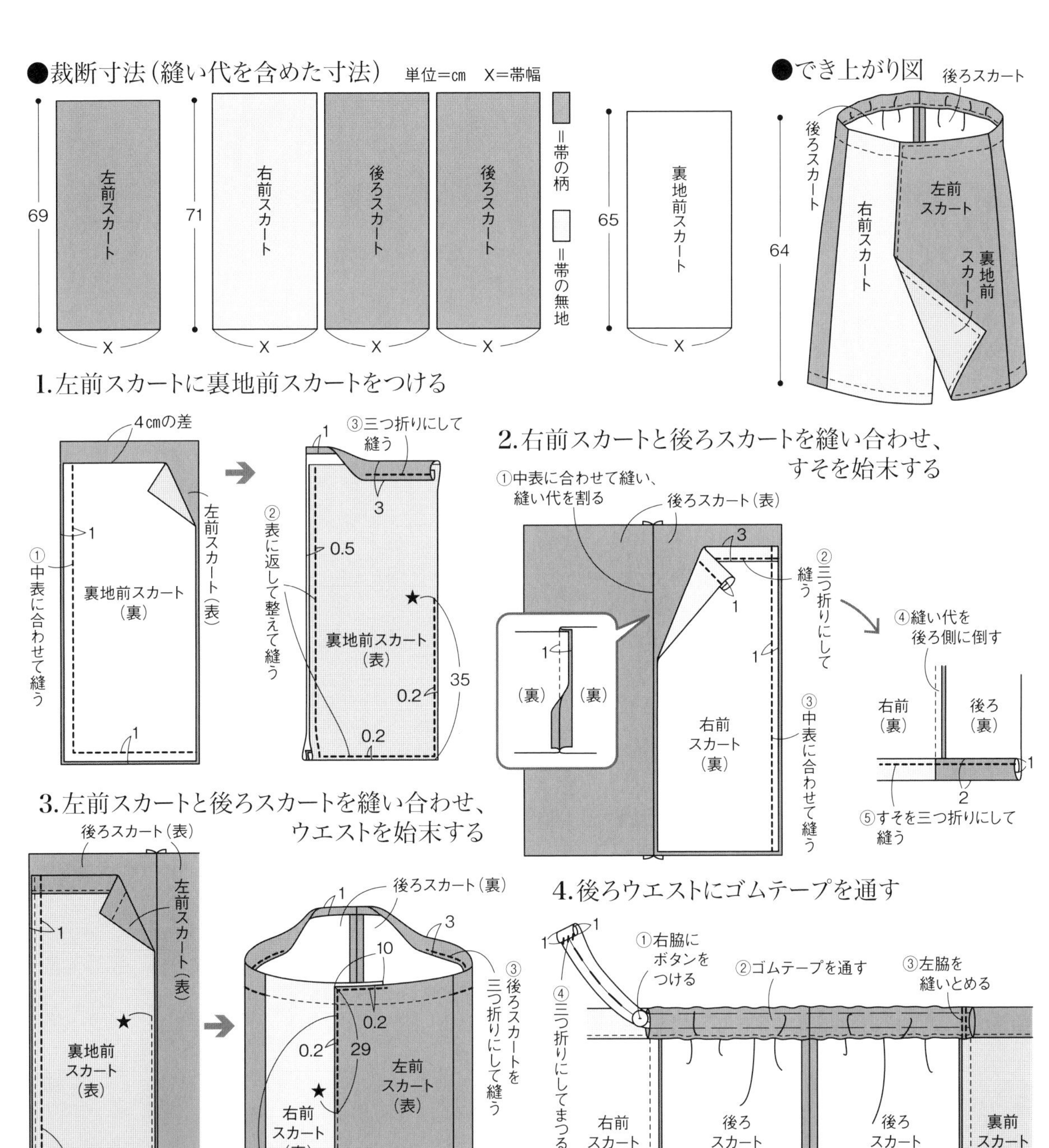

ポッケ・パンツ/スカート

Photo P08,09

（あ）パンツ　（い）スカート

材料

羽織…1枚
2cm幅のゴムテープ
…68cm
（ウエストに合わせる）
1.2cm幅の伸びどめ
接着テープ…110cm
※（あ）のみ

作り方　※布端の処理はP33を参照

（あ）
1 前パンツにポケットを作る
2 パンツの前中心、後ろ中心をそれぞれ縫い、タックをたたむ
3 まちをつける（P36の2参照）
4 脇を縫う（P35の2参照）。ただし、ゴムの通し口はなし
5 股下を縫い、すそを始末する
6 ウエストベルトを作り、パンツと縫い合わせる
7 ゴムテープを通す（P35の7参照）

（い）
1 前スカートにポケットを作る（（あ）の1参照）
2 スカートの前中心、後ろ中心をそれぞれ縫う
3 脇を縫い、すそとスリットを始末する
4 ウエストベルトを作り、スカートと縫い合わせる
（（あ）の6参照）
5 ゴムテープを通す（P35の7参照）

●裁断寸法（縫い代を含めた寸法）

単位=cm　Z=羽織のえり・そで・後ろ身頃の幅

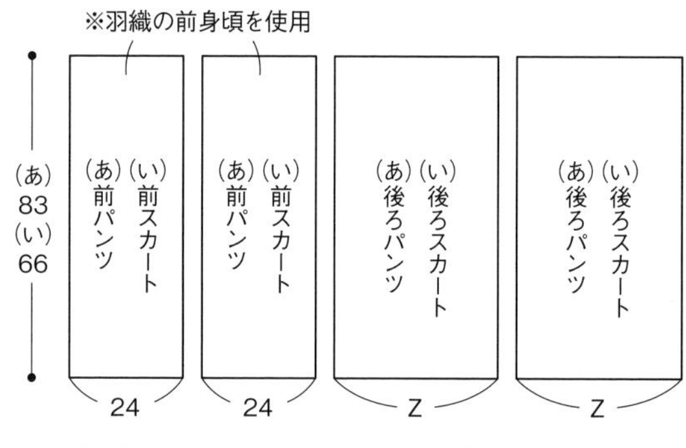

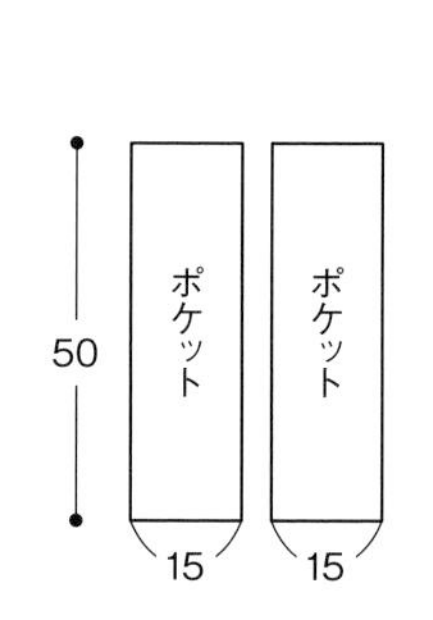

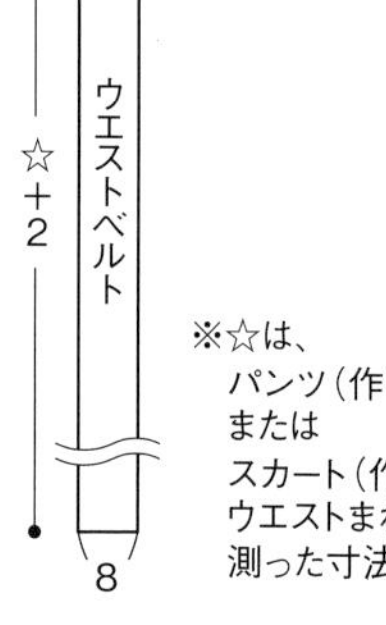

※☆は、
パンツ（作り方6）
または
スカート（作り方4）の
ウエストまわりを
測った寸法

（あ）のみ

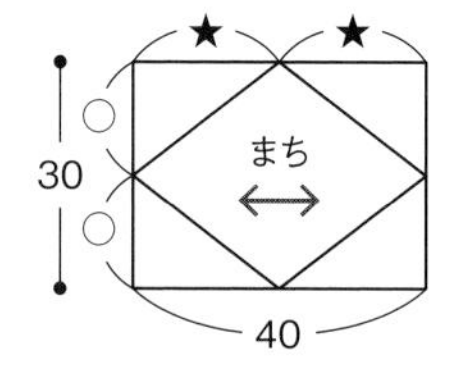

●でき上がり図

（あ）

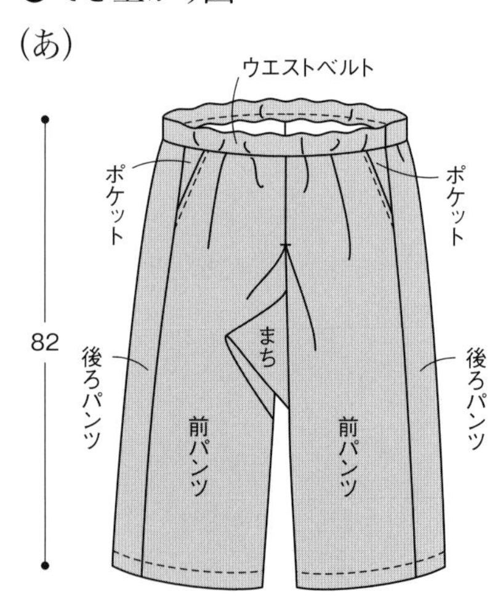

1.前パンツにポケットを作る

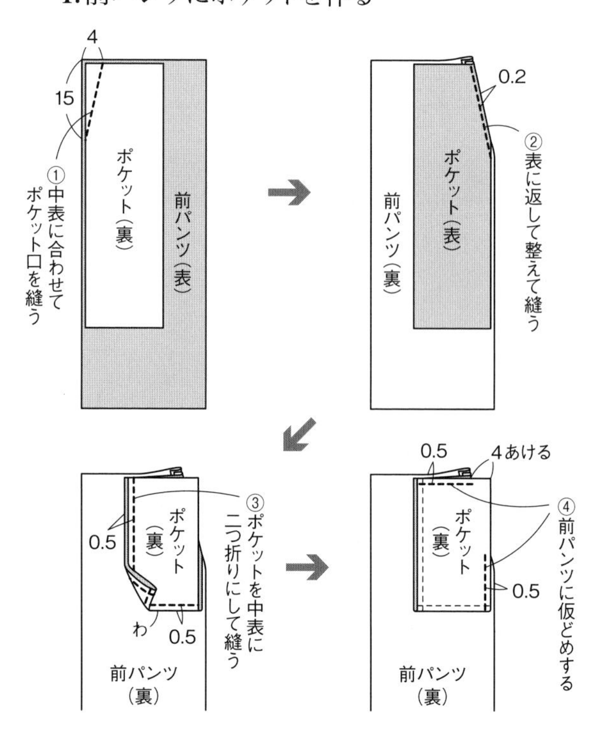

2.パンツの前中心、後ろ中心をそれぞれ縫い、タックをたたむ

5.股下を縫い、すそを始末する

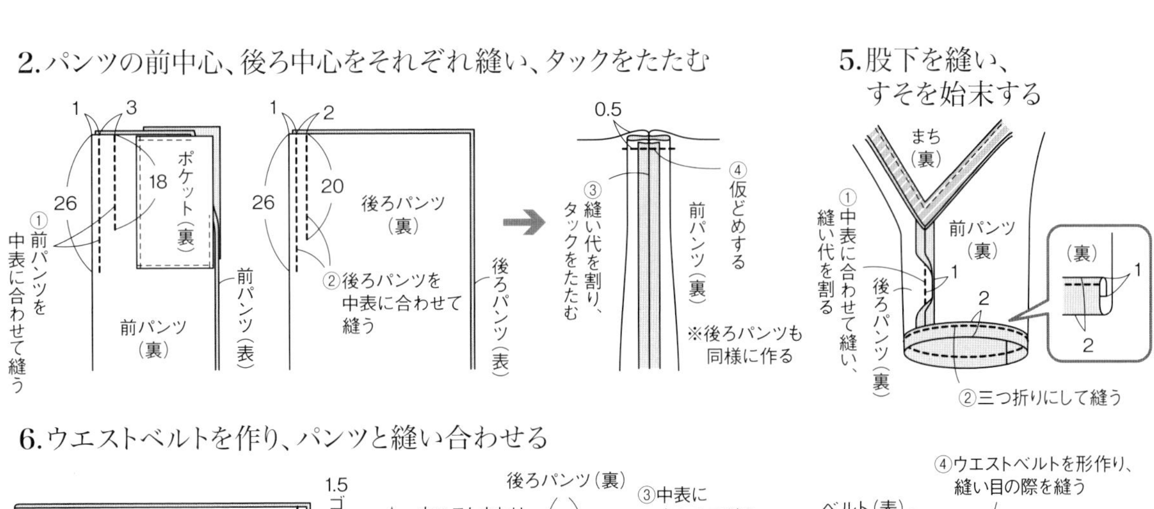

6.ウエストベルトを作り、パンツと縫い合わせる

●でき上がり図

2.スカートの前中心、後ろ中心をそれぞれ縫う

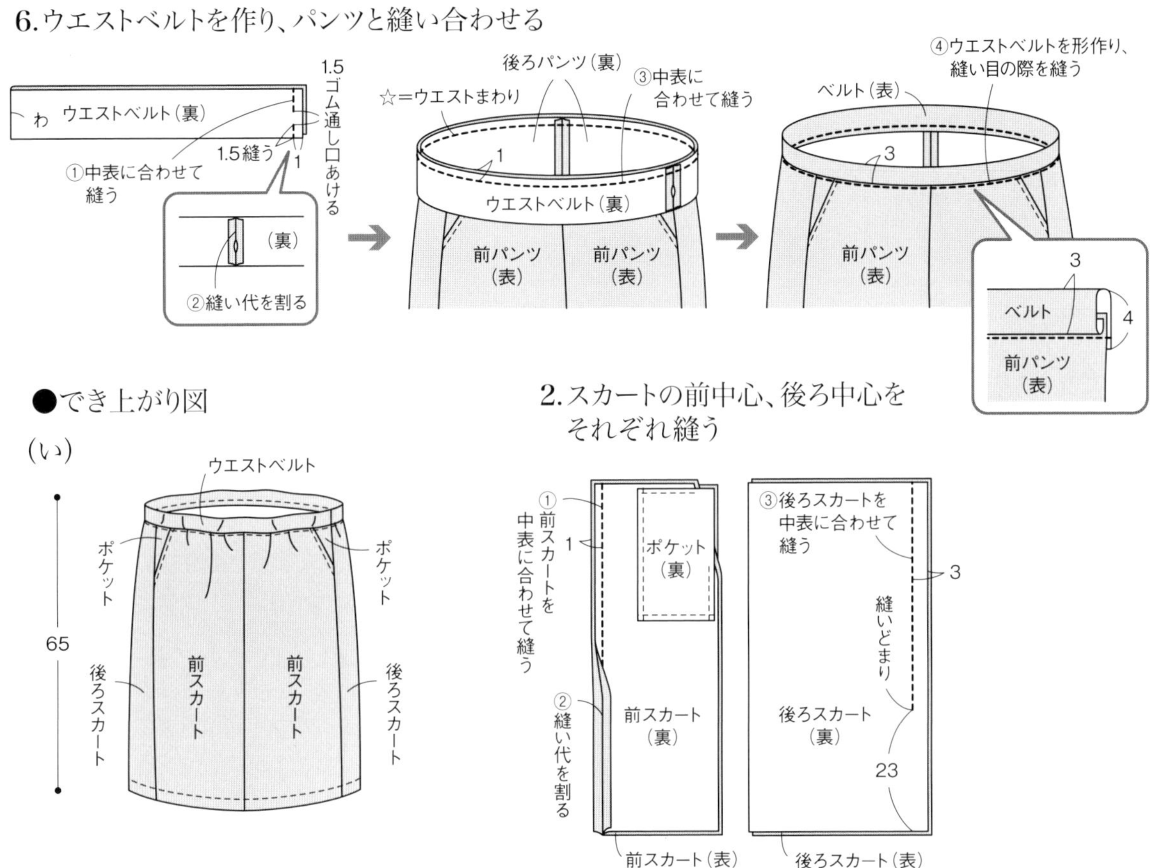

3.脇を縫い、すそとスリットを始末する

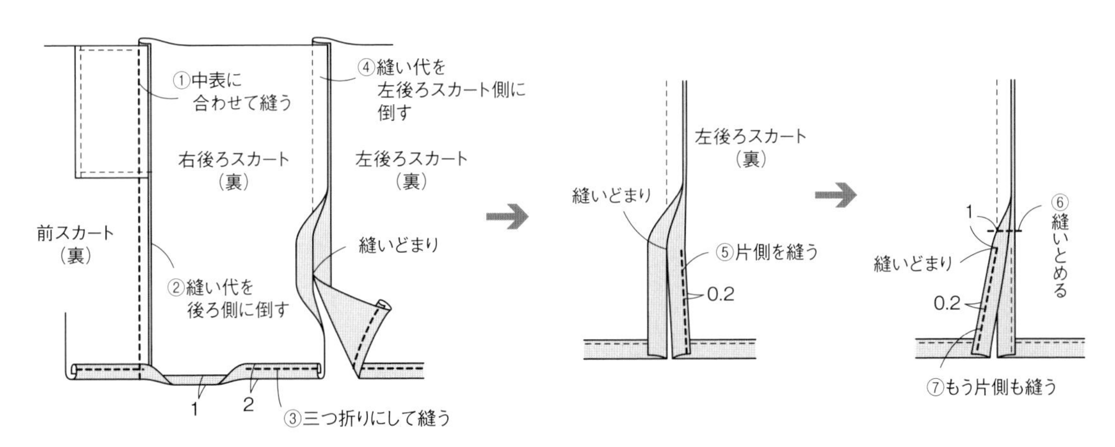

ティアードスカート／ロング

Photo P10,11

（あ）

（い）

材料
羽織…1枚
2.5㎝幅のゴムテープ…68㎝
（ウエストに合わせる）

作り方 ※布端の処理はP33を参照
1 1段めスカートを作る
2 2段め、3段めスカート［（い）のみ］をそれぞれ作る
3 1段めと2段めを縫い合わせる
※（い）のみ、2段めと3段めスカートを同様に縫い合わせる
4 ウエストにゴムテープを通す

●裁断寸法（縫い代を含めた寸法）

単位＝㎝ Z＝羽織のえり・そで・後ろ身頃の幅 Y＝羽織の前身頃幅

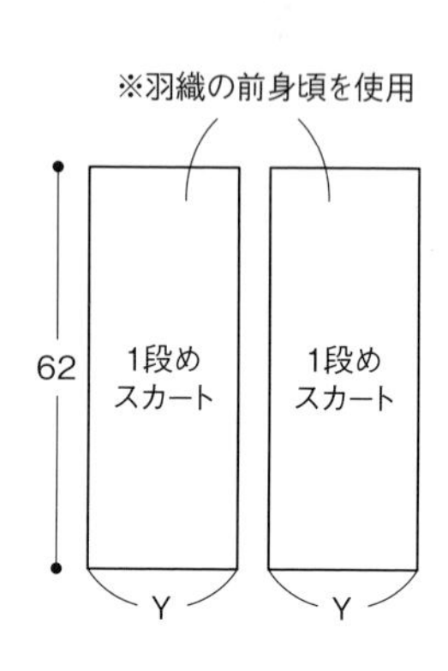

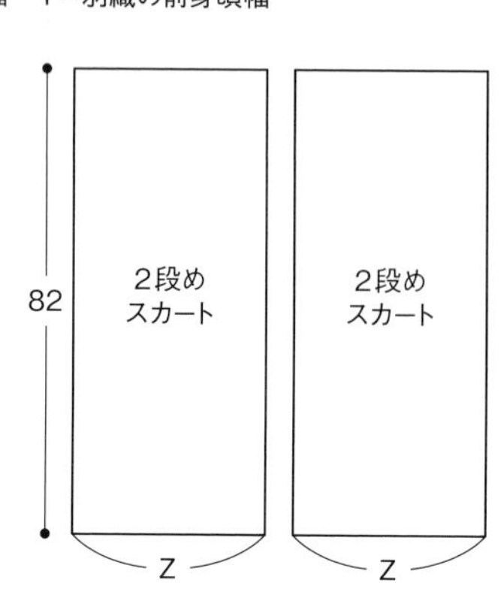

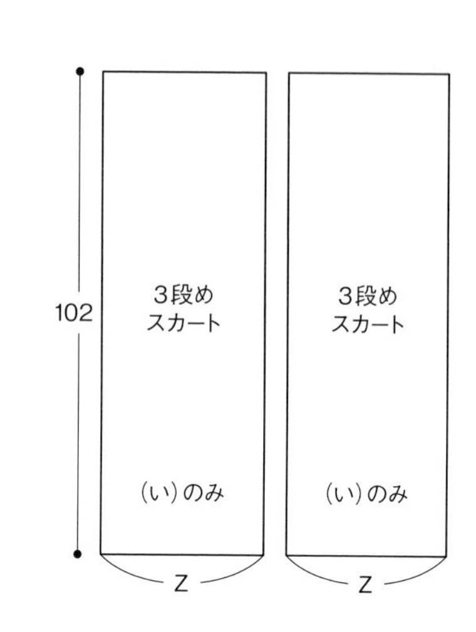

●でき上がり図

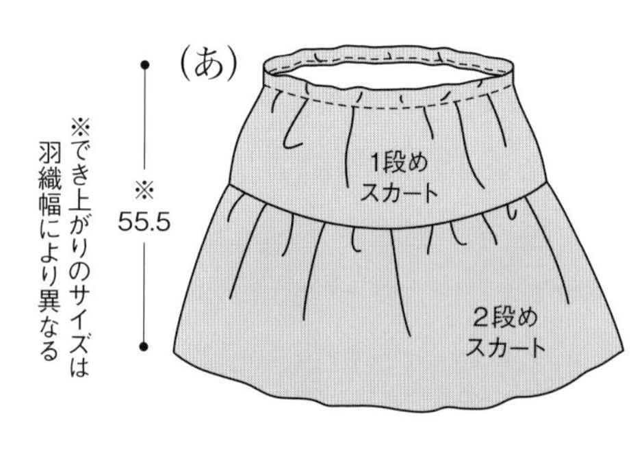

1.1段めスカートを作る

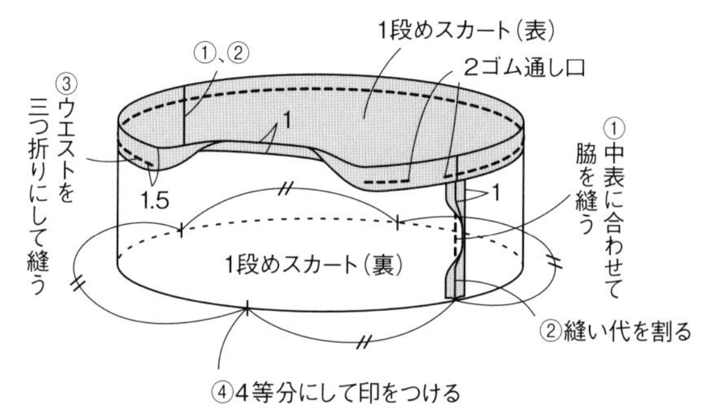

2.2段め、3段めスカート［（い）のみ］をそれぞれ作る

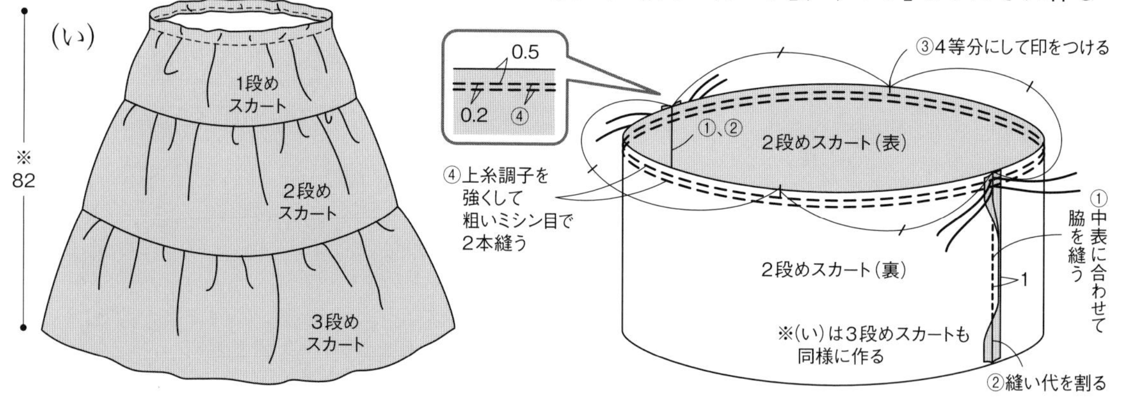

3.1段めと2段めを縫い合わせる

4.ウエストにゴムテープを通す

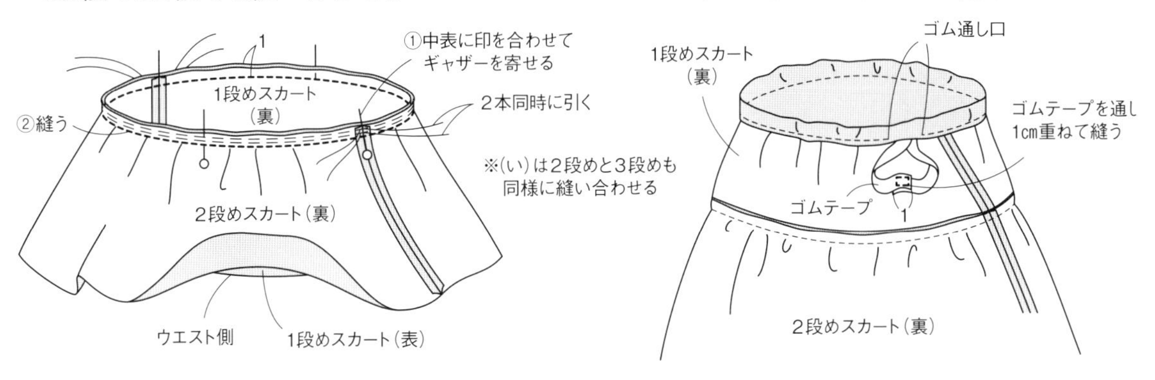

おびかご(大・小)

Photo P30

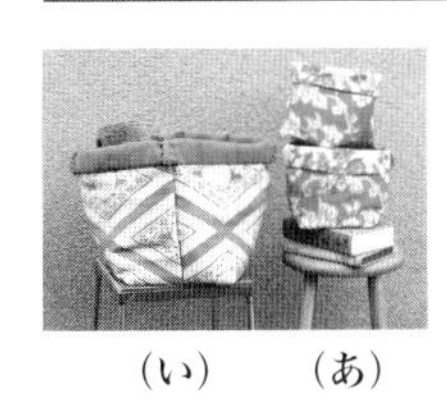
(い)　(あ)

材料
帯…1枚

作り方 ※布端の処理はP33を参照
下図参照

●裁断寸法(縫い代を含めた寸法)

単位=cm　X=帯幅

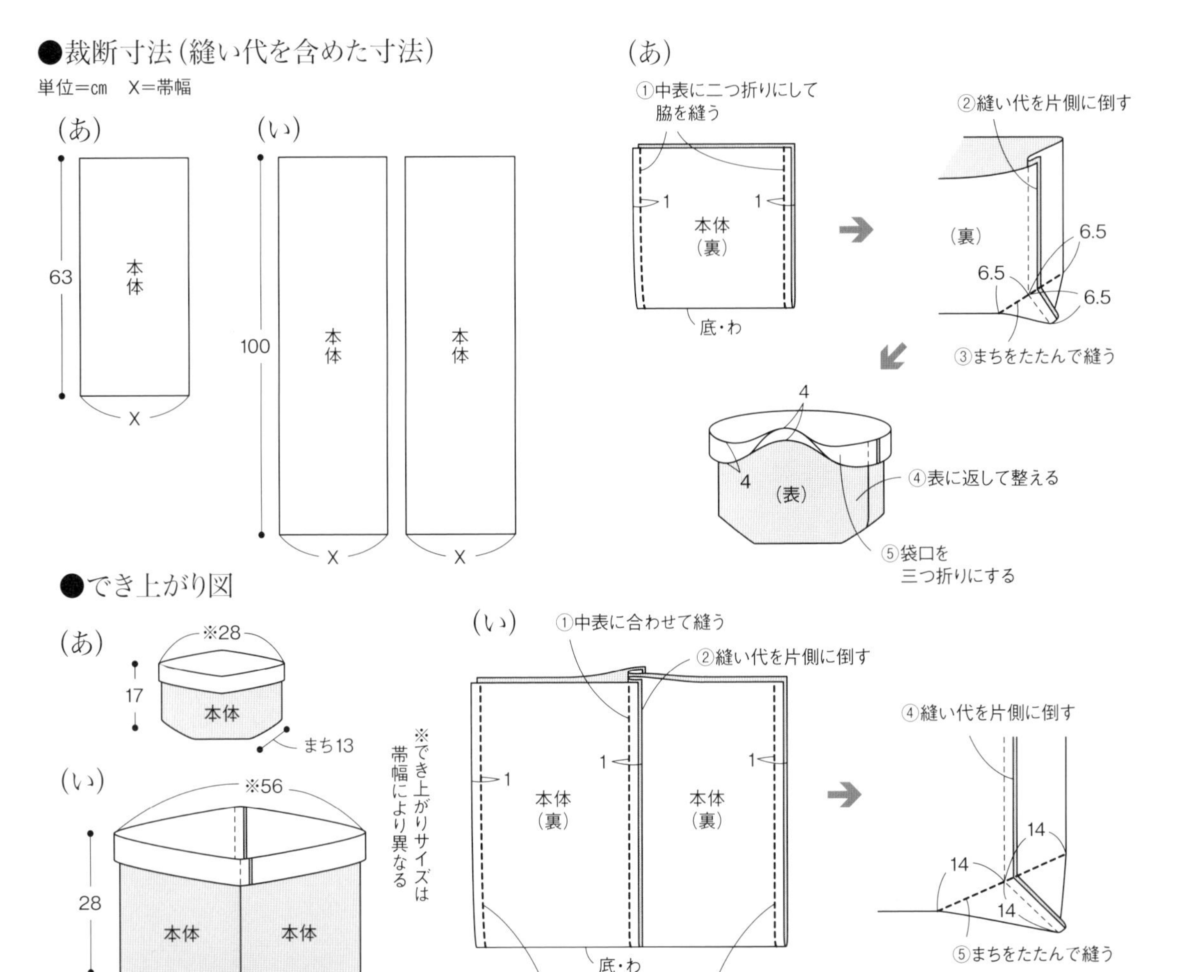

つぼみジャンパースカート／ロング

Photo P12,13

（あ）

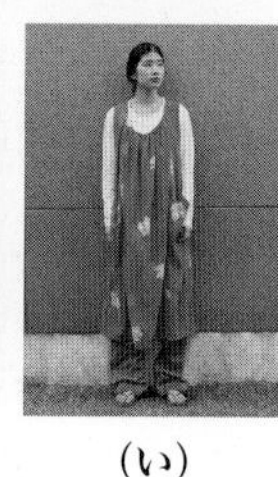
（い）

材料
羽織…1枚
0.8㎝幅のゴムテープ…32㎝

胸囲144㎝
［掲載作品Z=36㎝の場合］

作り方 ※布端の処理はP33を参照
1 前身頃を折りたたんで、ポケットを作る
2 前中央と前身頃を縫い合わせる
3 上後ろ身頃に肩布をつけ、えりぐりを始末する
4 前身頃に肩布をつけ、えりぐりにゴムテープを通す
5 脇身頃と前後身頃を縫い合わせ、そでぐりとすそを始末する

●裁断寸法（縫い代を含めた寸法） 単位=㎝ Z=羽織のえり・そで・後ろ身頃の幅

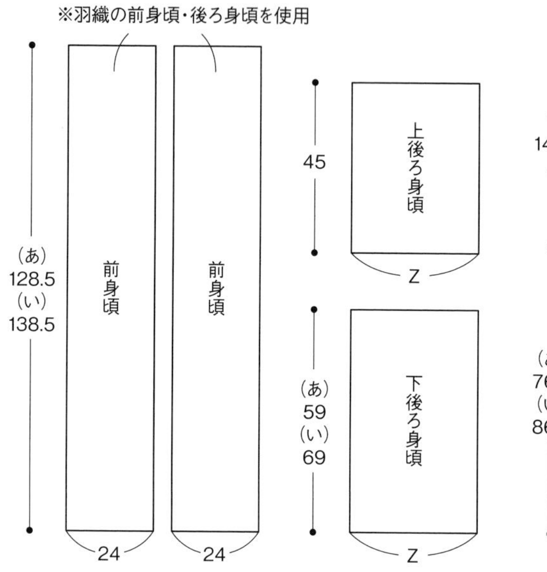

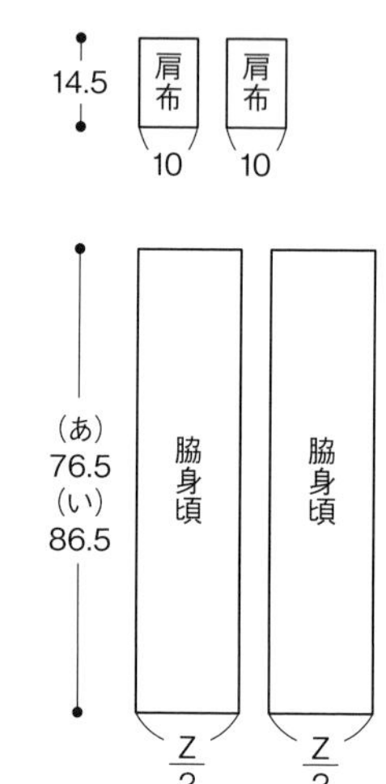

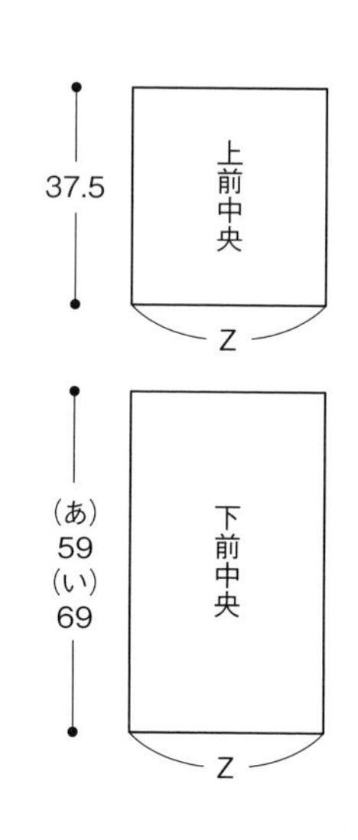

●でき上がり図

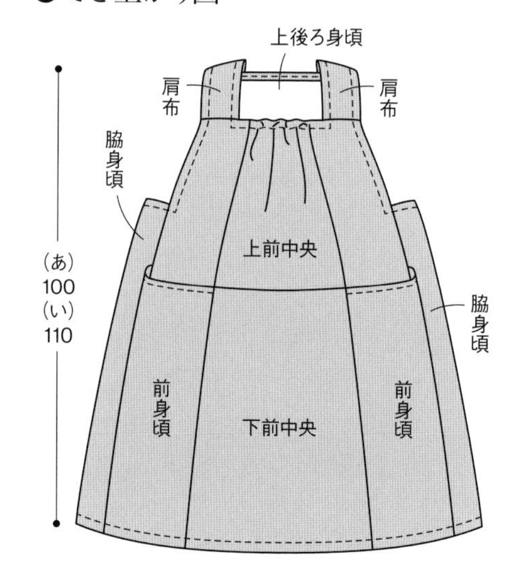

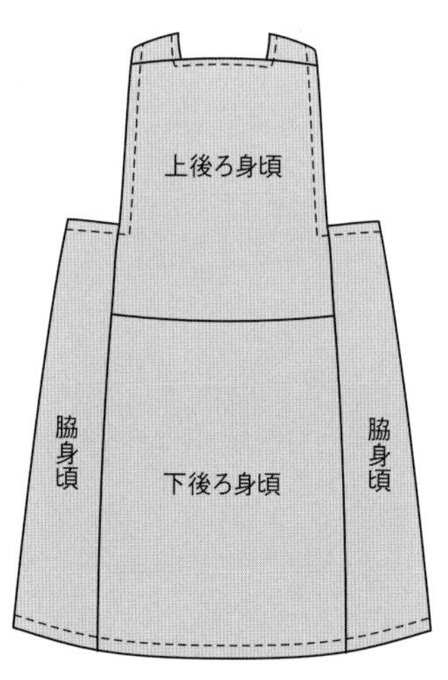

1.前身頃を折りたたんで、ポケットを作る

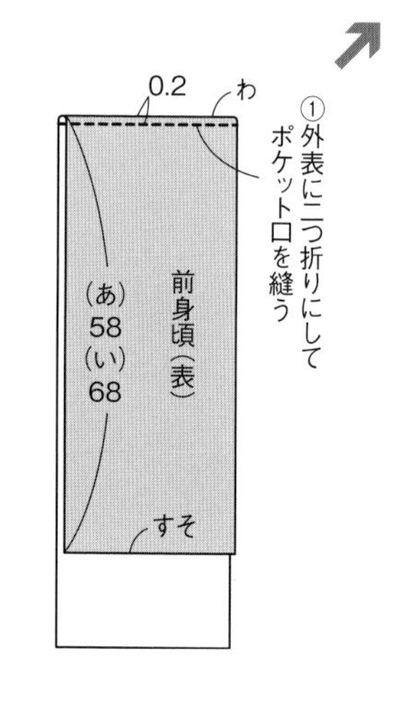

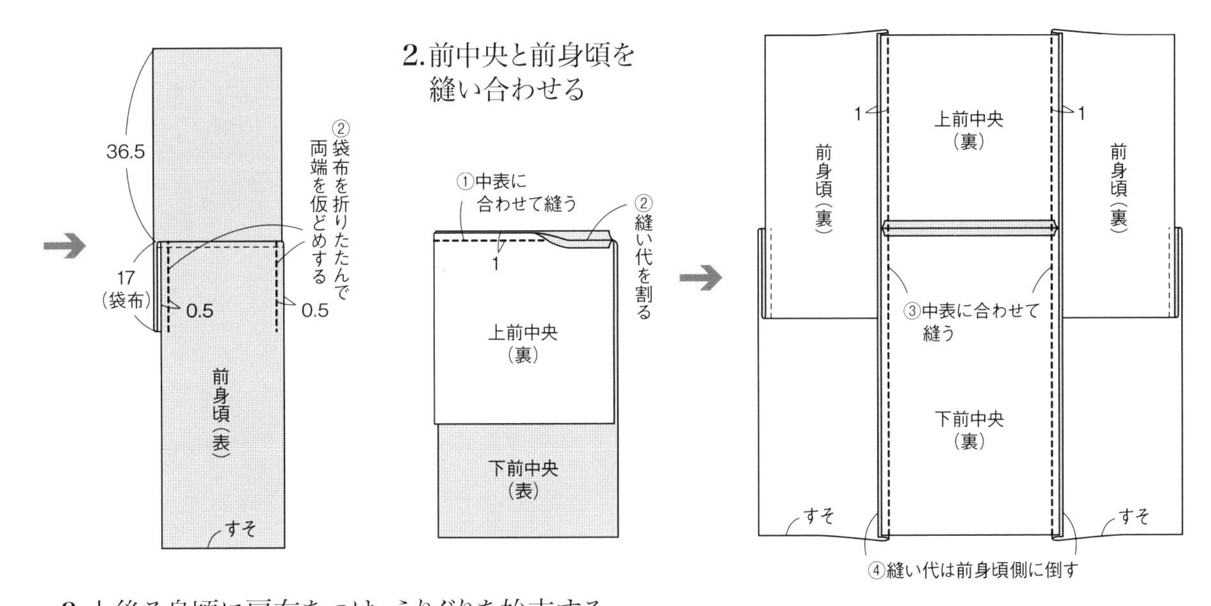

2.前中央と前身頃を縫い合わせる

3.上後ろ身頃に肩布をつけ、えりぐりを始末する

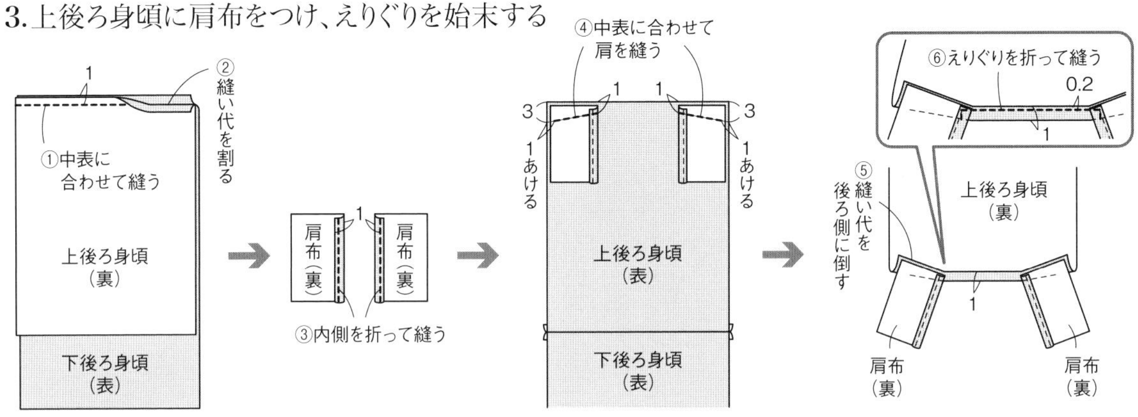

4.前身頃に肩布をつけ、えりぐりにゴムテープを通す

5.脇身頃と前後身頃を縫い合わせ、そでぐりとすそを始末する

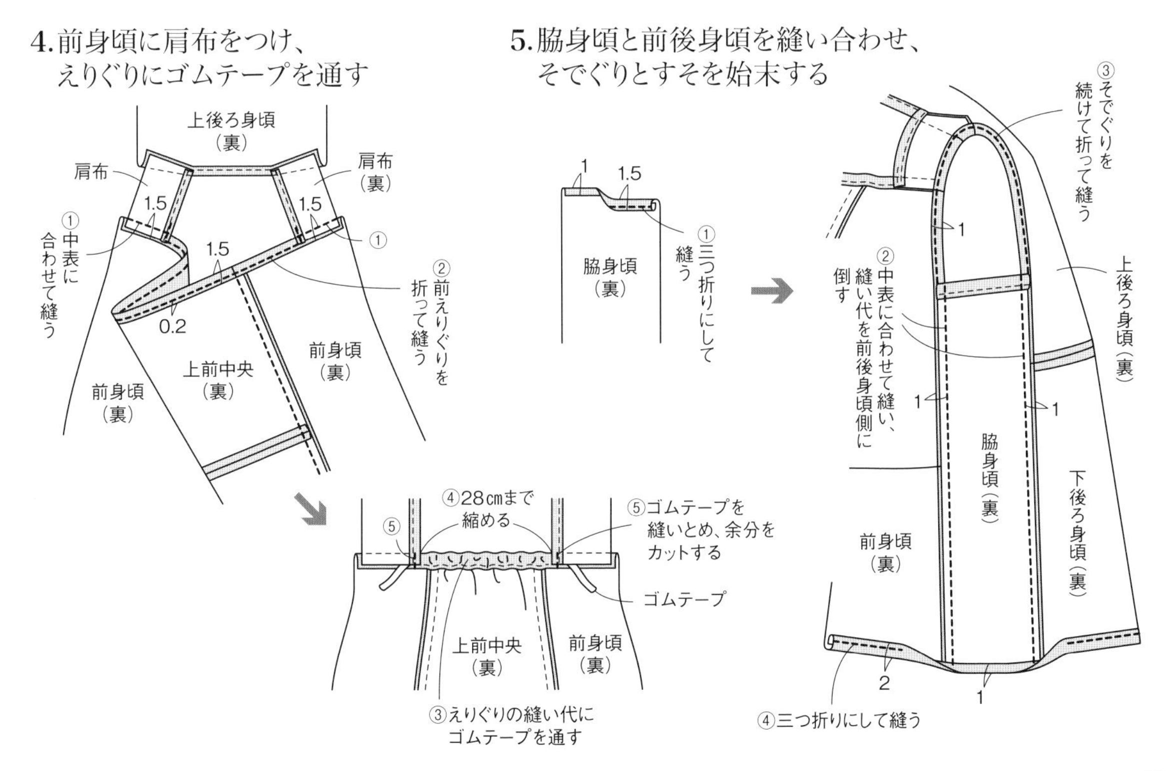

フリルベスト／ロング

Photo P14,15

（あ）　（い）ロング

材料
羽織…１枚
1.2㎝幅の伸びどめ接着テープ…70㎝
0.8㎝幅のゴムテープ…13㎝を２本

胸囲85㎝
［掲載作品Z=35㎝の場合］

作り方 ※布端の処理はP33を参照
1 前身頃のえりぐりを作る
2 肩を縫う
3 脇身頃と前後身頃を縫い合わせ、そでぐりとすそを始末する
4 前フリルを作り、前中心にはさんでつける

●裁断寸法（縫い代を含めた寸法） 単位=㎝ Z=羽織のえり・そで・後ろ身頃の幅

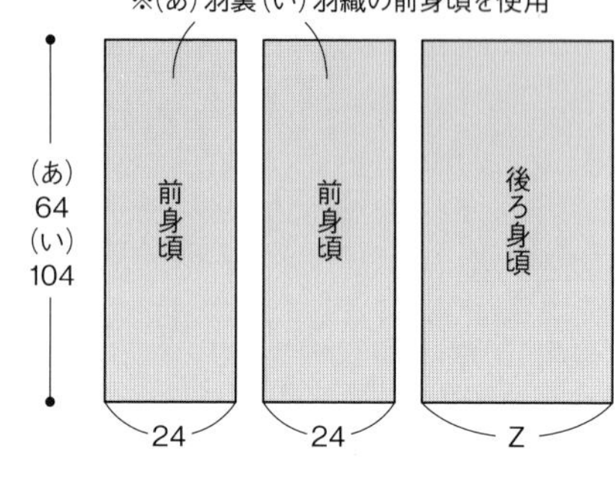

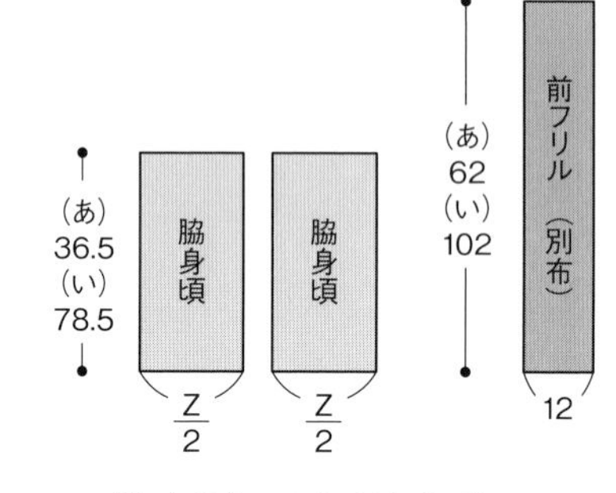

（あ）を作る前に…
羽織によって羽裏の布の分量は異なります。手持ちの羽裏で必要なパーツが裁断できるか確認してから作り始めましょう。

=（あ）羽裏（い）羽織の表地

=（あ）羽織の表地（い）羽裏

●でき上がり図

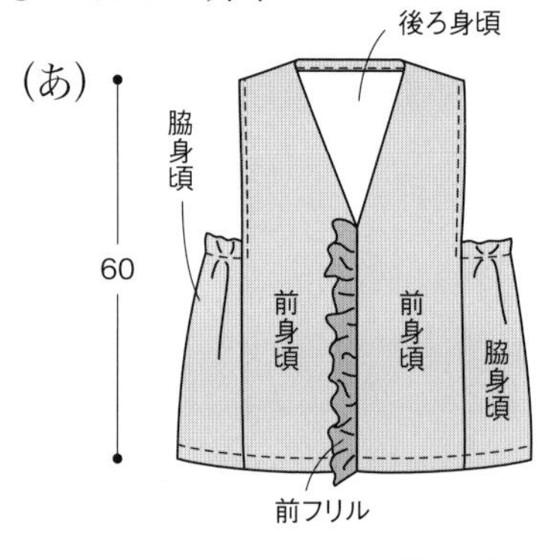

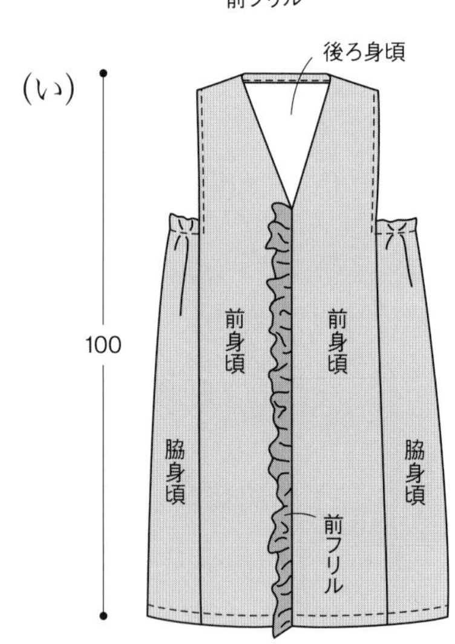

1.前身頃のえりぐりを作る

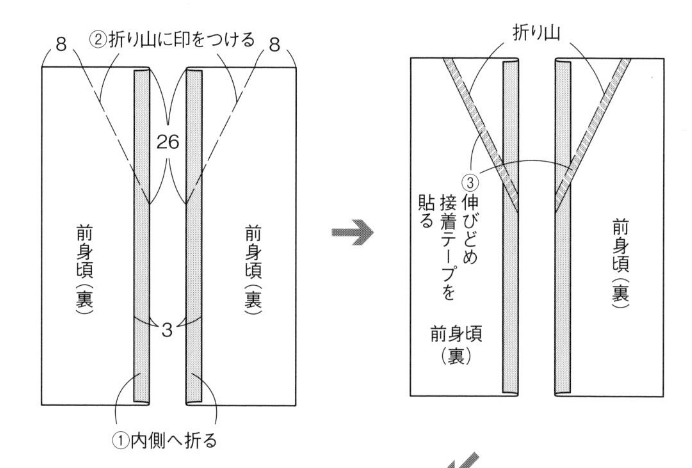

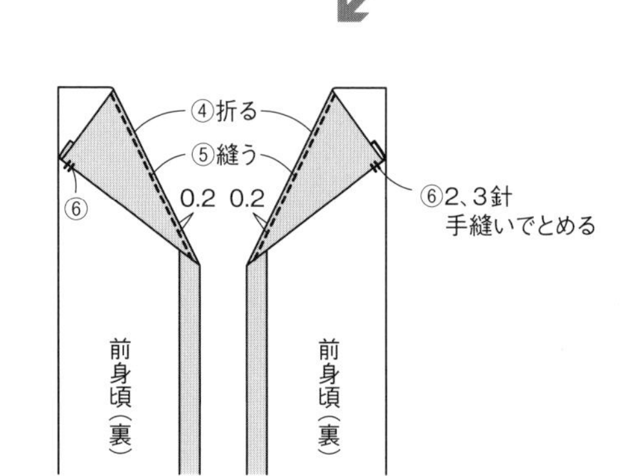

2.肩を縫う

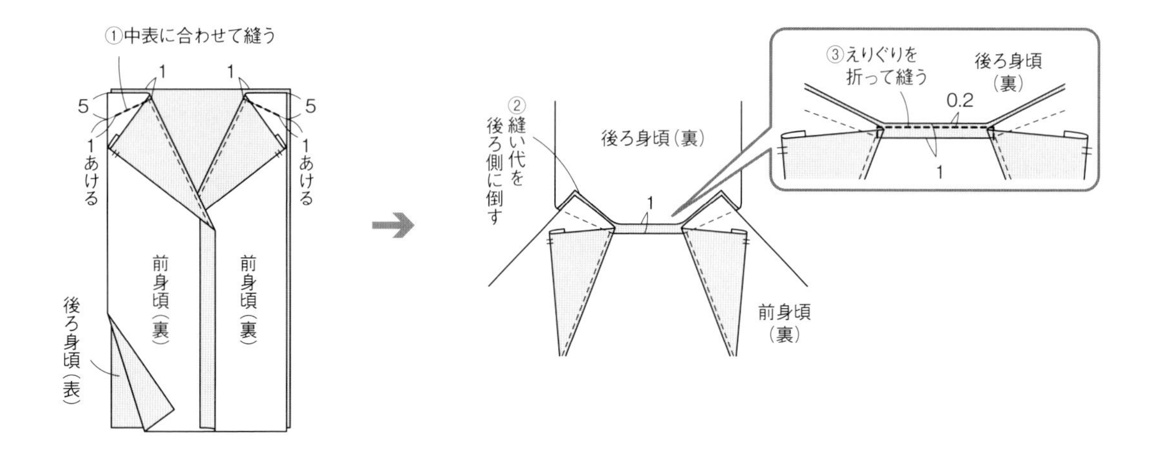

3.脇身頃と前後身頃を縫い合わせ、そでぐりとすそを始末する

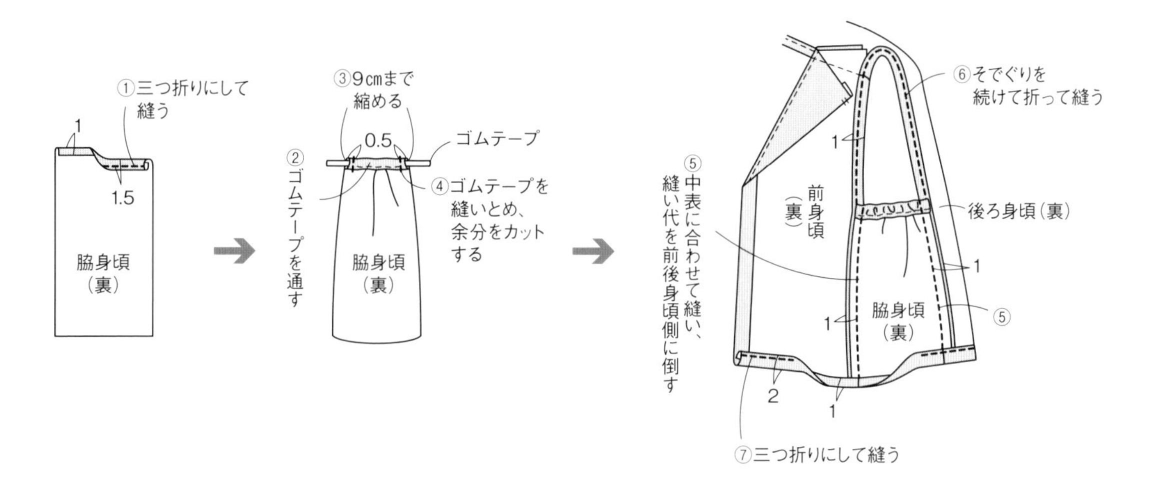

4.前フリルを作り、前中心にはさんでつける

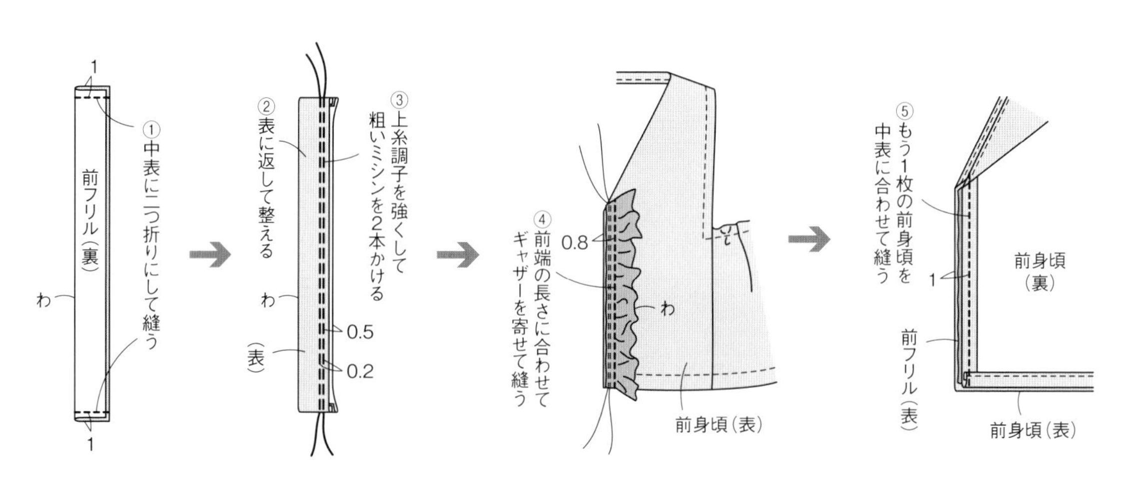

かさねチュニック／ミディアム

Photo P16,17

（あ）

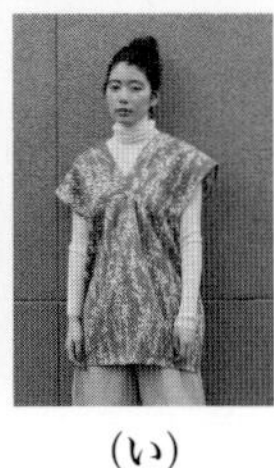

（い）

材料
羽織…1枚

胸囲（あ）約94cm　（い）約99cm
［掲載作品Z＝（あ）33cm
（い）35.5cmの場合］

作り方　※布端の処理はP33を参照

1 前身頃と後ろ身頃のダーツをそれぞれ縫い、肩を縫う
2 えりを作る
3 えりと前中央、後ろ中央をそれぞれ縫い合わせる
4 3と前後身頃を縫い合わせる
5 脇身頃と前後身頃を縫い合わせる
6 そでぐりを始末する
7 すそを始末する

●裁断寸法（縫い代を含めた寸法）

単位＝cm　Z＝羽織のえり・そで・後ろ身頃の幅

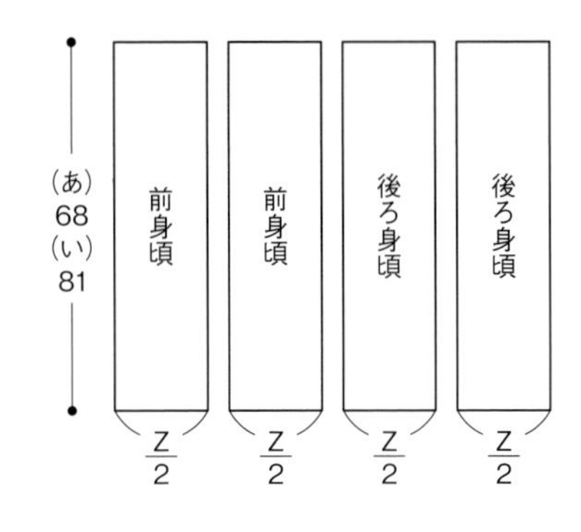

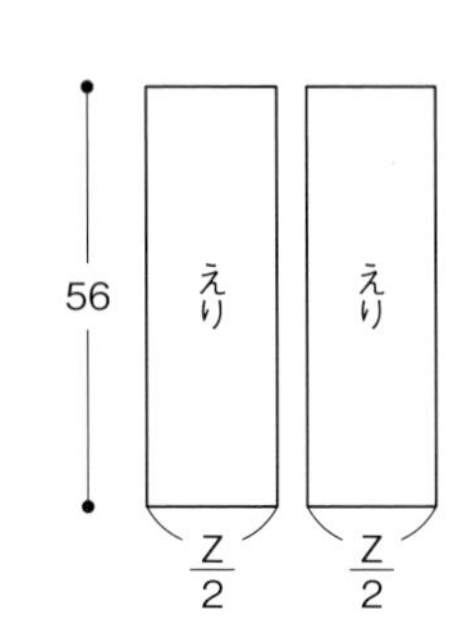

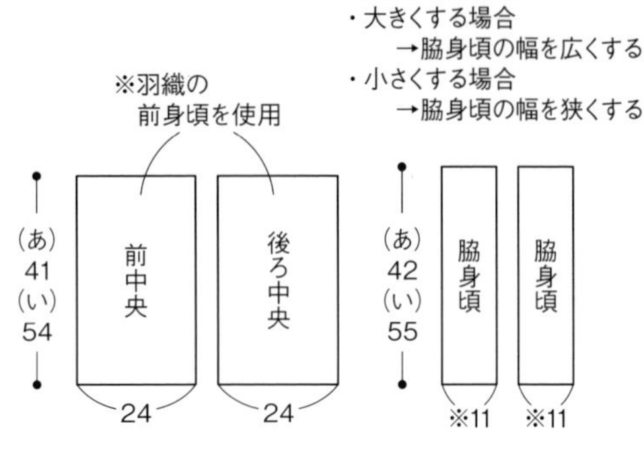

※バスト幅の調整方法
・大きくする場合
　→脇身頃の幅を広くする
・小さくする場合
　→脇身頃の幅を狭くする

●でき上がり図

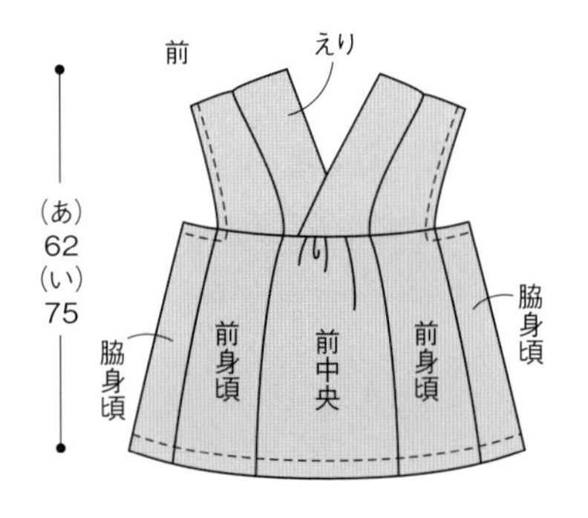

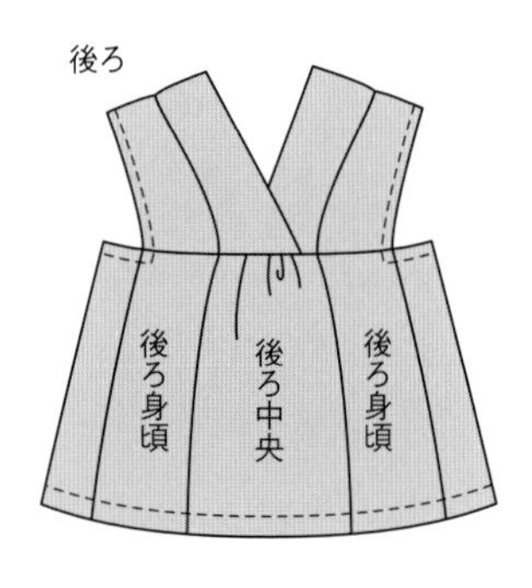

1.前身頃と後ろ身頃のダーツをそれぞれ縫い、肩を縫う

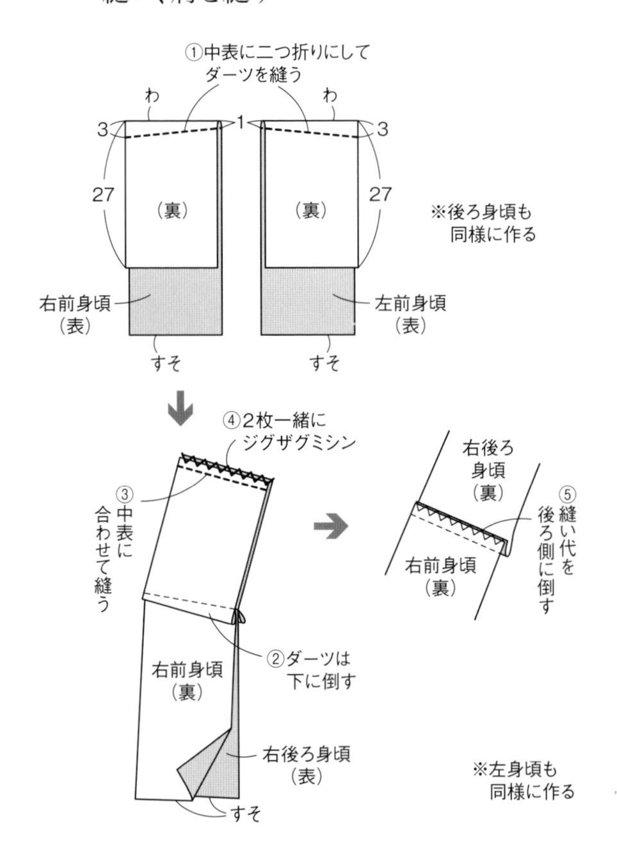

2.えりを作る

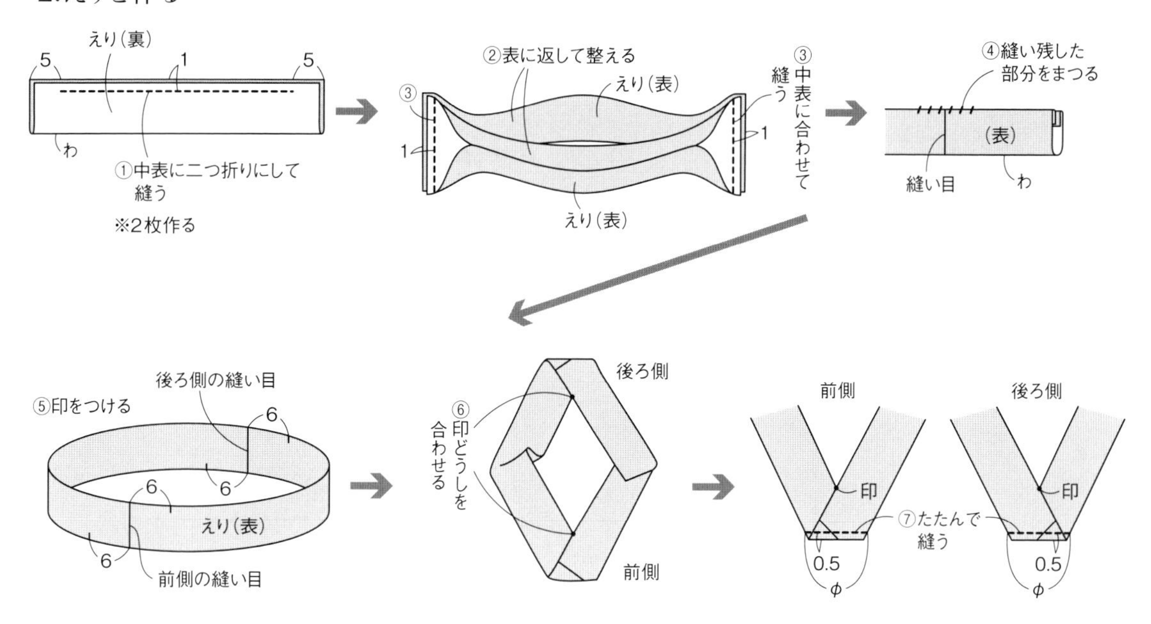

3.えりと前中央、後ろ中央をそれぞれ縫い合わせる

4.3と前後身頃を縫い合わせる

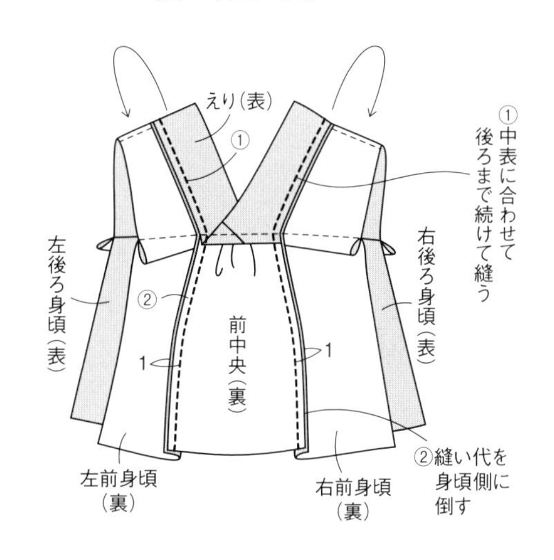

5.脇身頃と前後身頃を縫い合わせる

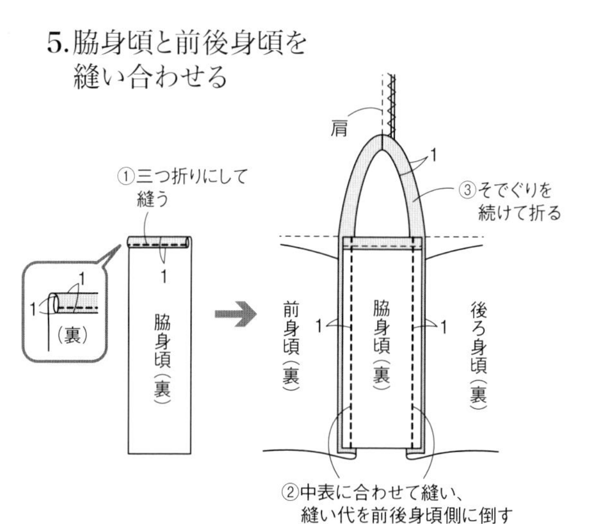

6.そでぐりを始末する

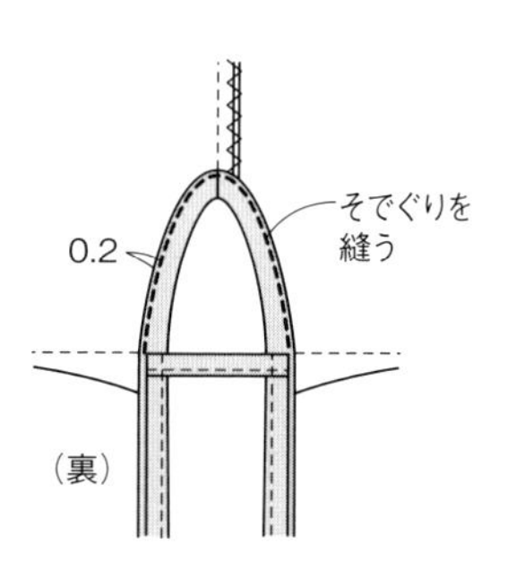

7.すそを始末する

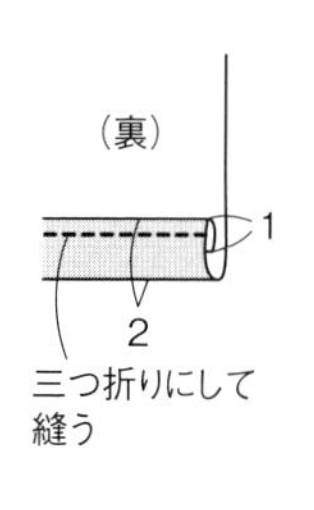

リリージャンパースカート／ロング

Photo P18,19

（あ）
ロング

（い）

材料
羽織…1枚
1.2cm幅の伸びどめ接着テープ
…110cm

胸囲98cm

作り方 ※布端の処理はP33を参照
1 前身頃と後ろ身頃のえりぐりをそれぞれ作る
2 前中心、後ろ中心をそれぞれ縫う
3 肩を縫う
4 脇身頃と前後身頃を縫い合わせ、そでぐりを始末する
5 スカートを作る
6 身頃とスカートを縫い合わせる

●裁断寸法（縫い代を含めた寸法） 単位=cm Z=羽織のえり・そで・後ろ身頃の幅

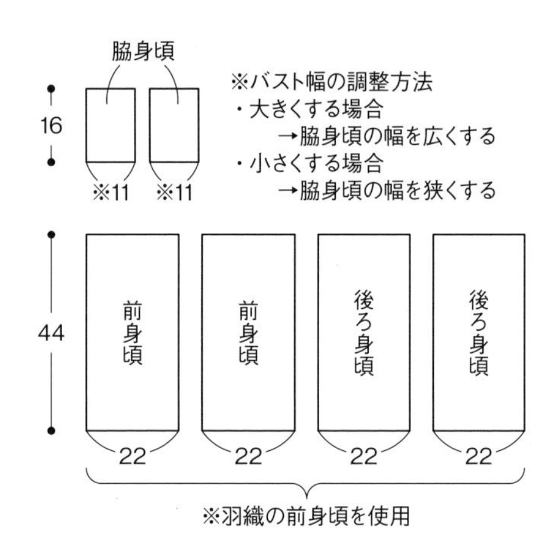

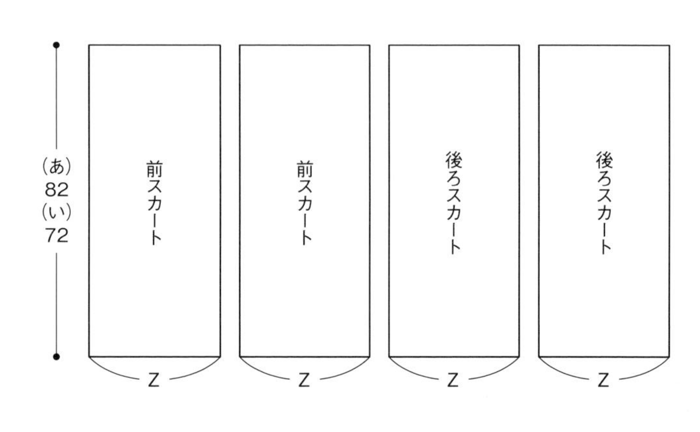

●でき上がり図

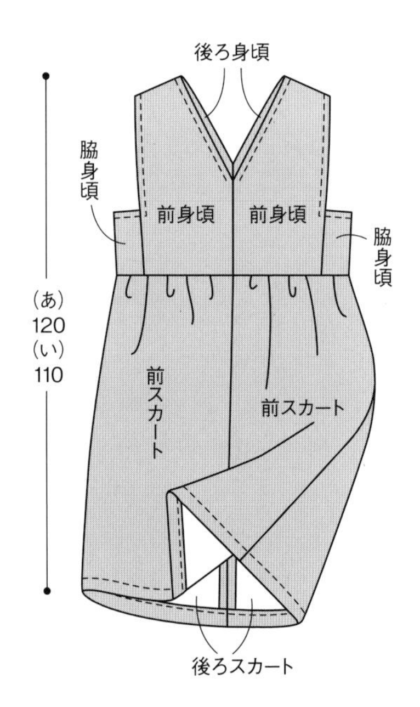

1.前身頃と後ろ身頃のえりぐりをそれぞれ作る

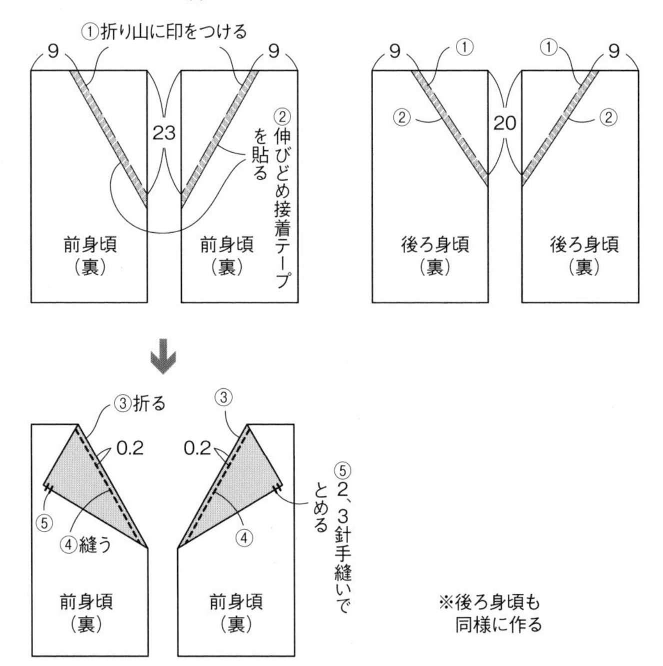

2.前中心、後ろ中心をそれぞれ縫う

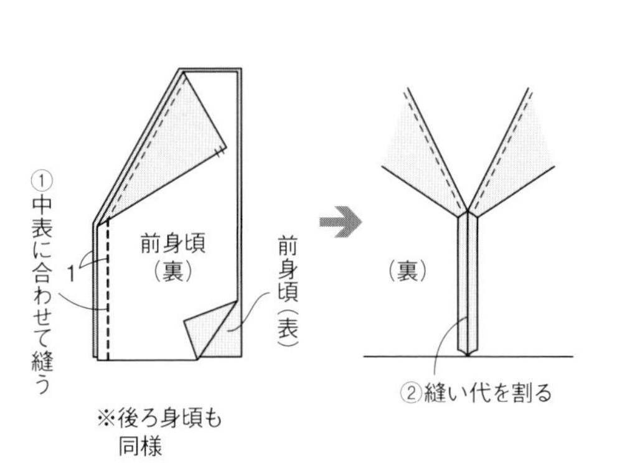

3.肩を縫う

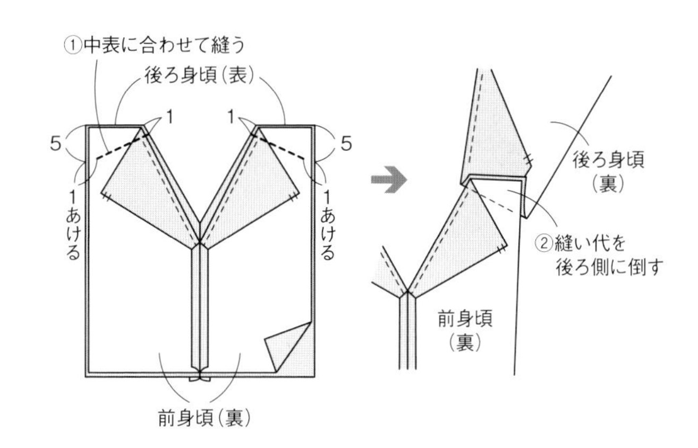

4.脇身頃と前後身頃を縫い合わせ、そでぐりを始末する

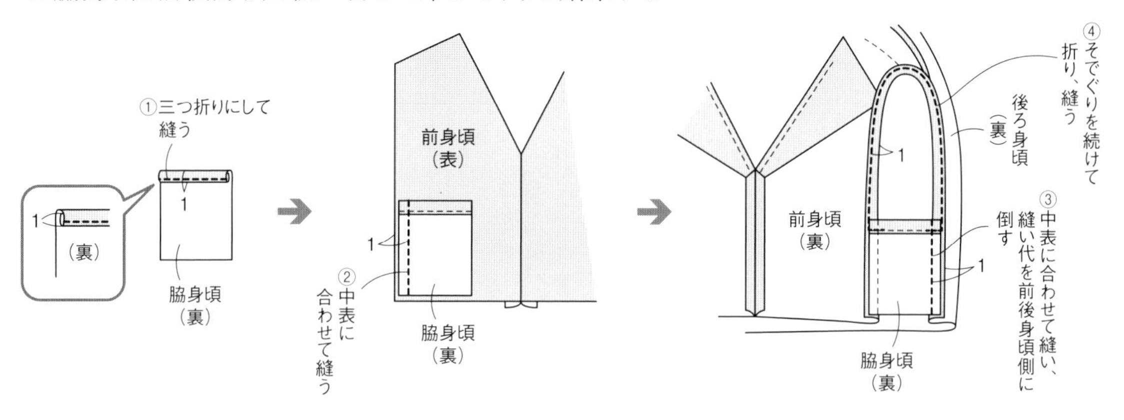

5.スカートを作る

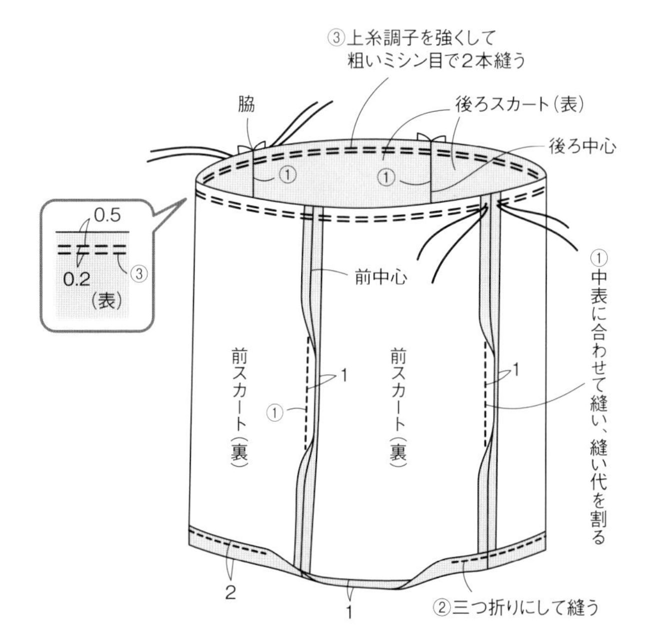

6.身頃とスカートを縫い合わせる

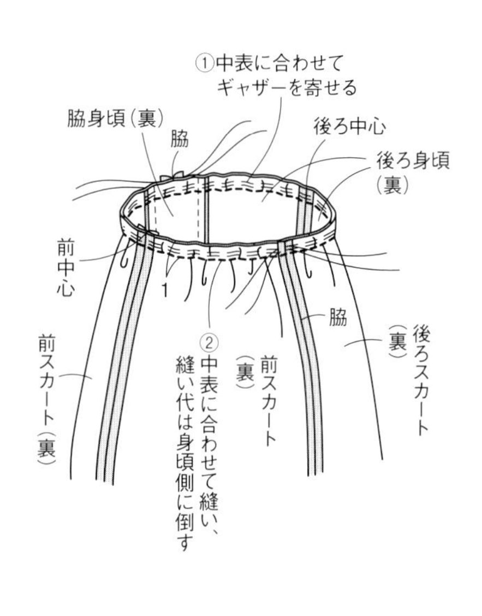

キャミサロペット・スカート／パンツ

Photo P06,07

（あ）
スカート

（い）
パンツ

材料
羽織…1枚
2㎝幅のゴムテープ…84㎝
（P2「サイズについて」参照）
1.2㎝幅の伸びどめ接着テープ…110㎝
※（い）のみ

作り方 ※布端の処理はP33を参照

（あ）1 胸当てを作る
2 スカート5枚を縫い合わせ、前中心にタックを作る
3 右脇を縫い、すそを始末する
4 ウエストに胸当てをつけ、ゴムテープを通す
5 ひもを作り、上胸当てにはさんでつける

（い）1 胸当てを作る
2 パンツ5枚を縫い合わせ、前中心にタックをたたむ
3 右脇を縫う
4 ウエストに胸当てをつけ、ゴムテープを通す
5 ひもを作り、上胸当てにはさんでつける
6 まちをつける（P54の6）
7 股下を縫い、すそを始末する（P36の6参照）

●裁断寸法（縫い代を含めた寸法）

単位＝㎝　Z＝羽織のえり・そで・後ろ身頃の幅　Y＝羽織の前身頃幅

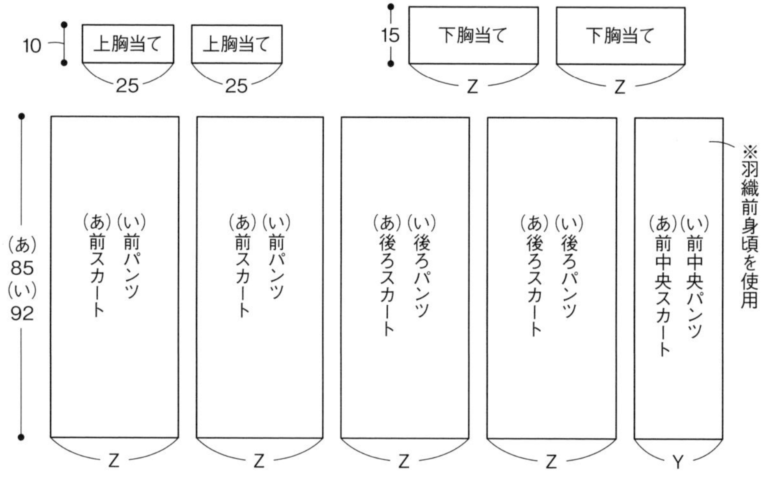

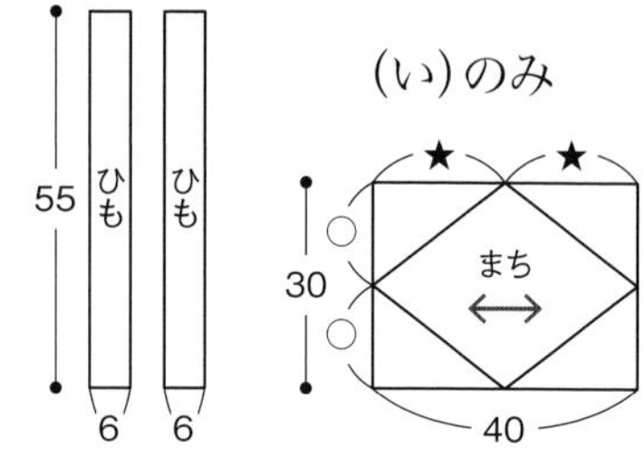

●でき上がり図

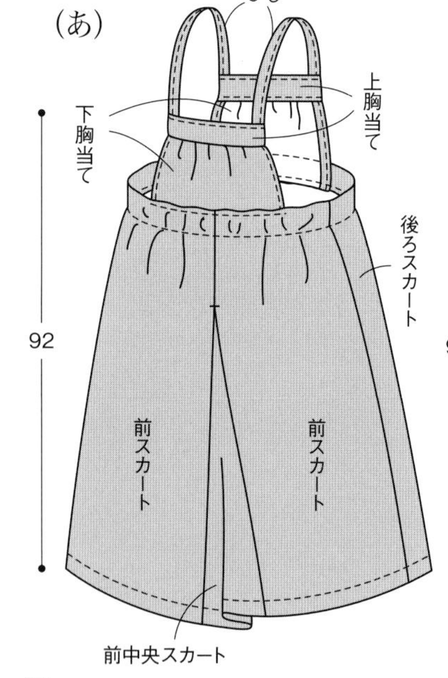

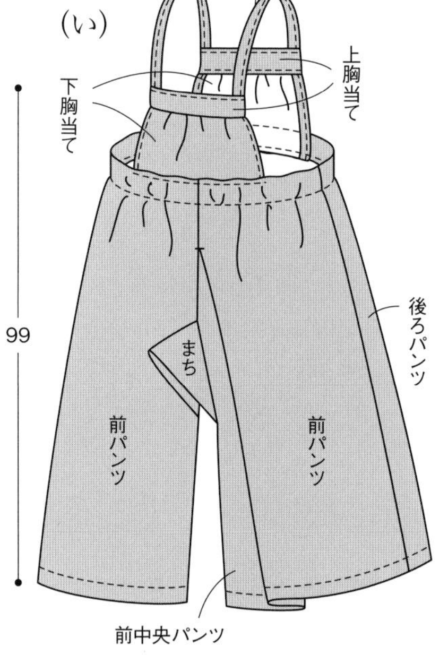

1.胸当てを作る

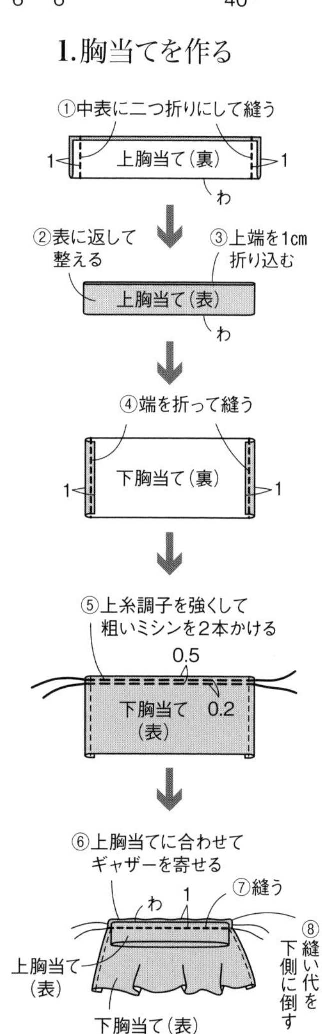

2.スカート（またはパンツ）5枚を縫い合わせ、前中心にタックをたたむ

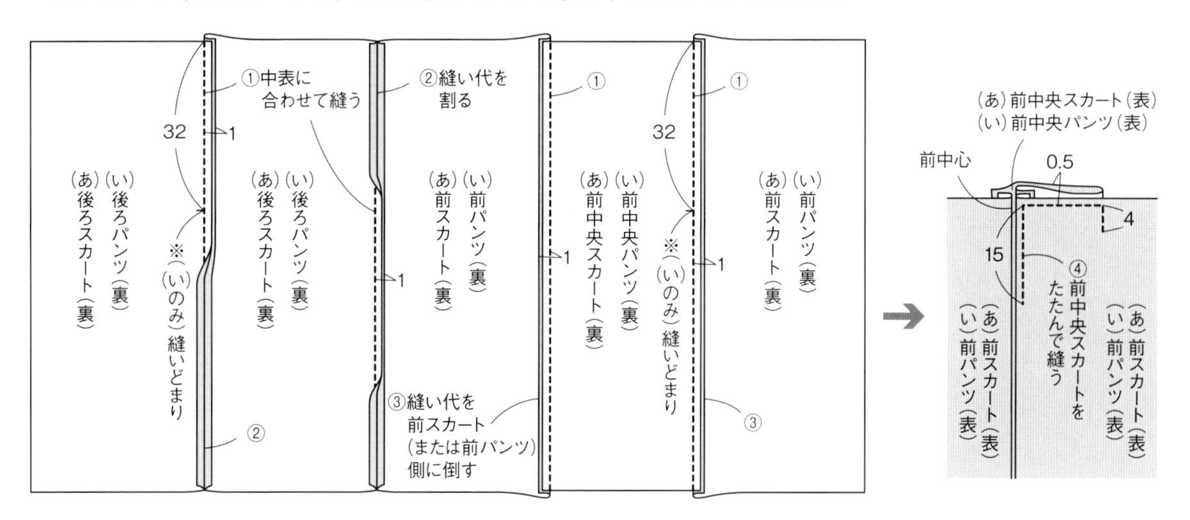

3.右脇を縫い、すそを始末する

4.ウエストに胸当てをつけ、ゴムテープを通す

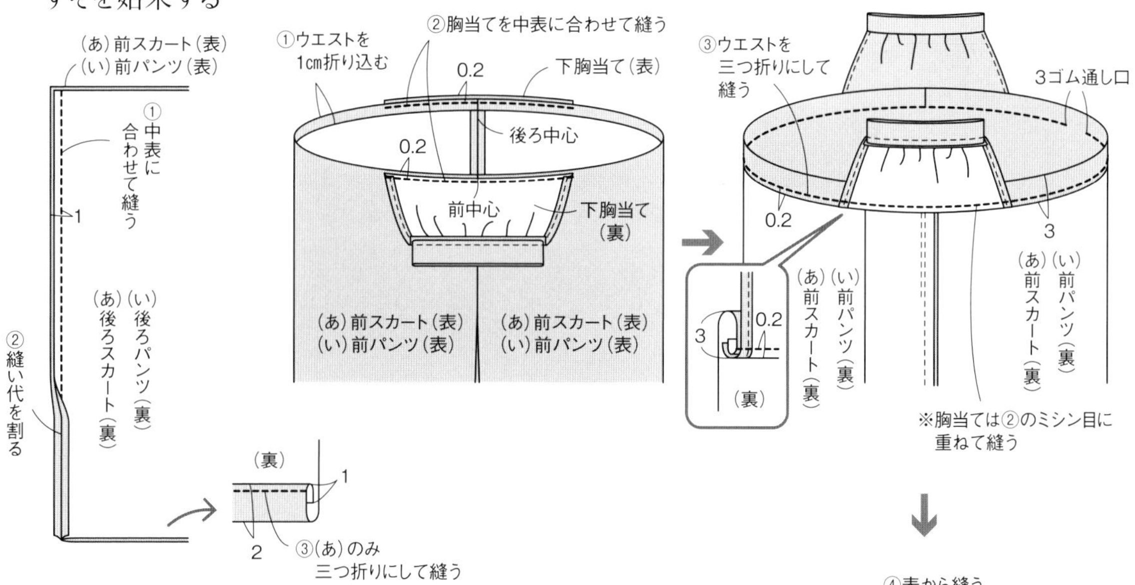

5.ひもを作り、上胸当てにはさんでつける

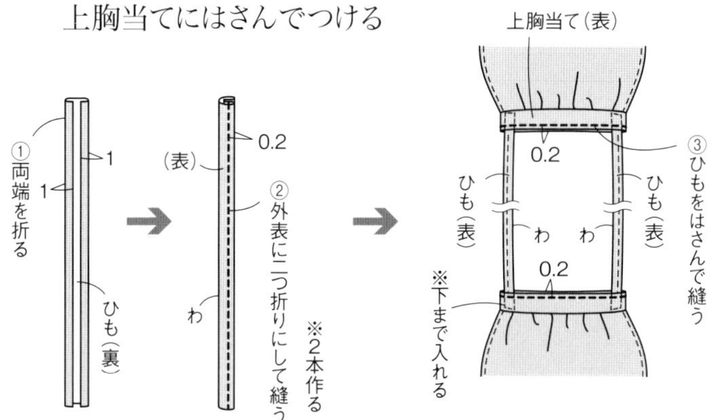

④表から縫う
0.2
前スカート（表）
⑤ゴムテープを通す（P43の4参照）

※（い）次ページへ続く→

(い)のみ

6.まちをつける

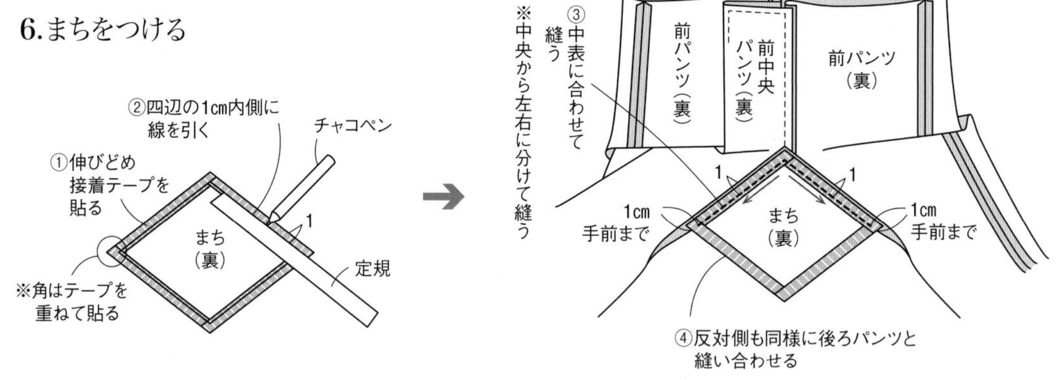

へこおびワンピース

Photo P27

材料

大人の男性用へこ帯…1本

胸囲　116cm

作り方　※布端の処理はP33を参照

1 左身頃と右身頃を縫い合わせ、えりぐりを作る
2 身頃のそで下を縫う
3 スカートを作る
4 スカートのタックをたたむ
5 身頃とスカートを縫い合わせる

●裁断寸法(縫い代を含めた寸法)　単位=cm

=帯の絞り部分

左身頃　右身頃　53　帯幅　帯幅

前スカート　後ろスカート　81　帯幅　帯幅

●でき上がり図

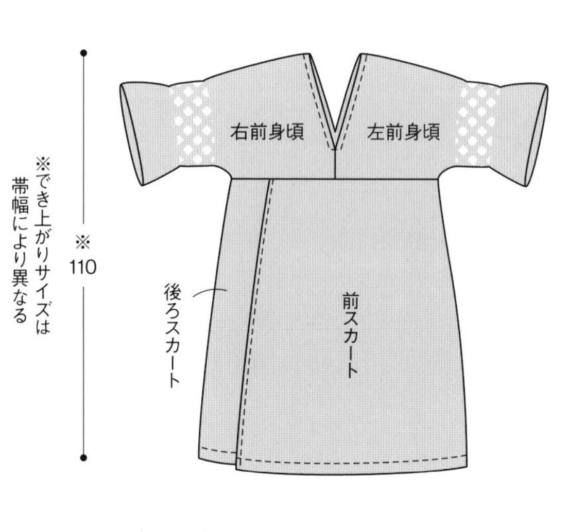

1. 左身頃と右身頃を縫い合わせ、えりぐりを作る

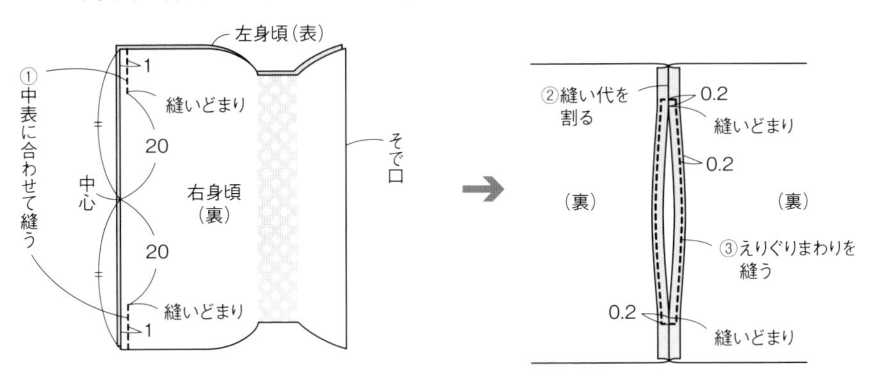

2. 身頃のそで下を縫う

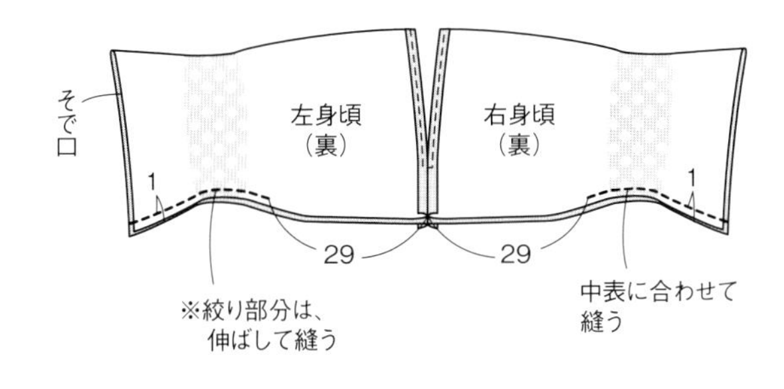

3. スカートを作る

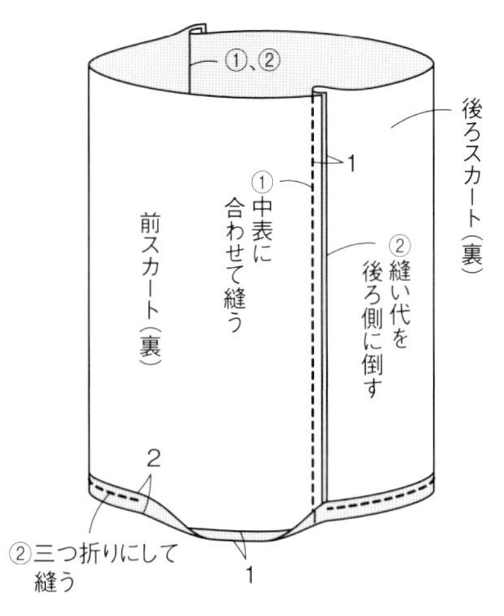

4. スカートのタックをたたむ

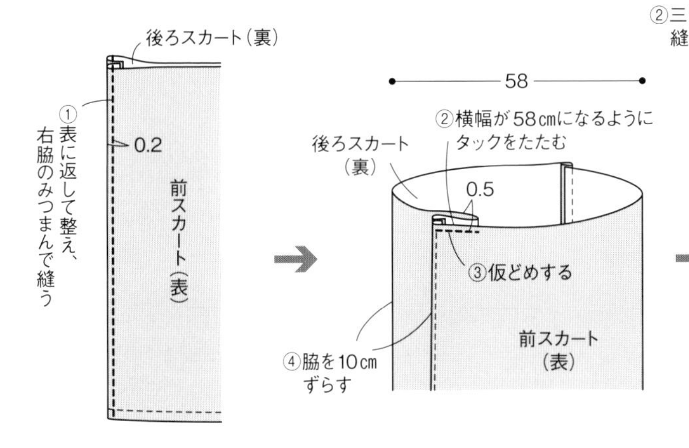

5. 身頃とスカートを縫い合わせる

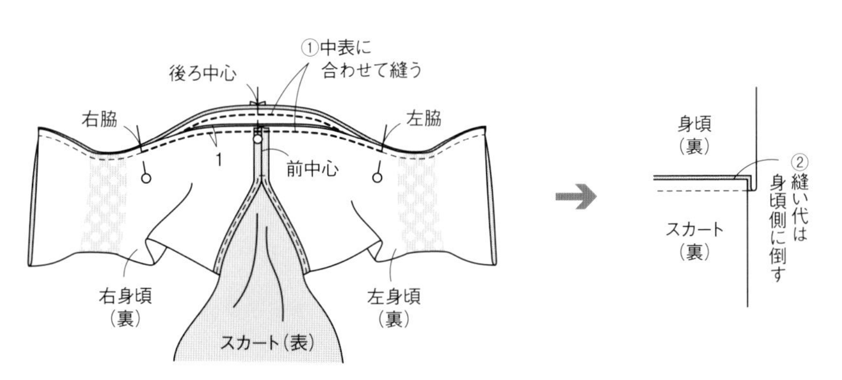

リボンブラウス／タックスカート

Photo P22,23

(あ)
ブラウス

(い)
スカート

【注意点】 ブラウスとスカートを作るには羽織1枚分の生地をほぼ使います。羽織の丈によっては生地が足りないものもあるのでスカートの丈を短くするなどして調整しましょう。

材料
羽織…1枚
1.2㎝幅の伸びどめ
接着テープ…70㎝
2.5㎝幅のゴムテープ…68㎝
（ウエストに合わせる）

胸囲96㎝
［掲載作品のY=26㎝の場合］

ブラウスの作り方 ※布端の処理はP33を参照
1 後ろ中心を縫う
2 前身頃のえりぐりを作る
3 前中心を縫い、あきを作る
4 肩を縫う（P47の2参照）
5 脇を縫い、そでぐりとすそを始末する
6 リボンを作り、つける

スカートの作り方 ※布端の処理はP33を参照
1 スカート5枚を縫い合わせる（P53の2①～③参照）
2 前中心にタックをたたむ
3 右脇を縫い、すそを始末する（P53の3参照）
4 ウエストを始末する
5 ゴムテープを通す（P43の4参照）

●裁断寸法（縫い代を含めた寸法）

単位=㎝
Z=羽織のえり・そで・後ろ身頃の幅
Y=羽織の前身頃幅

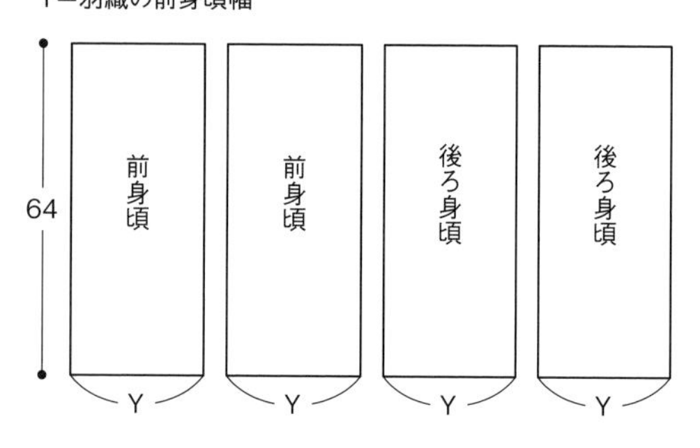

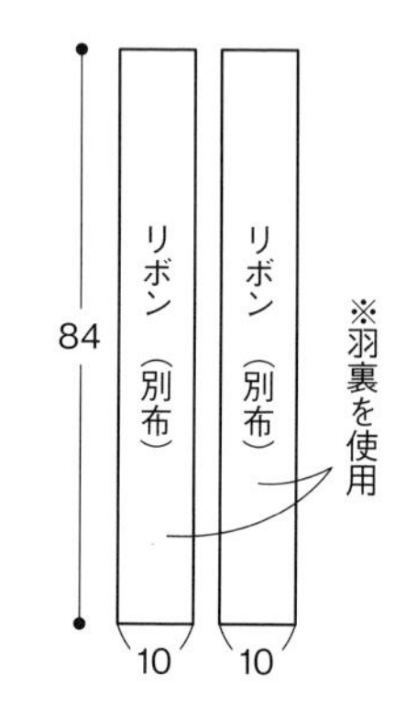

※羽裏を使用

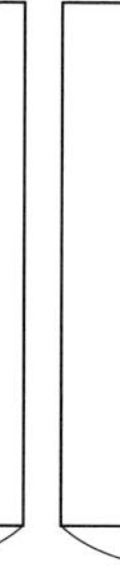

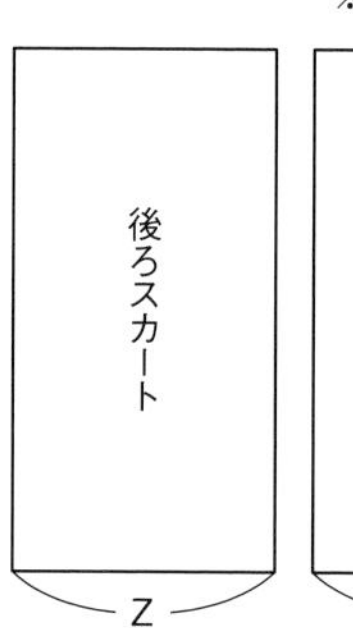

●でき上がり図

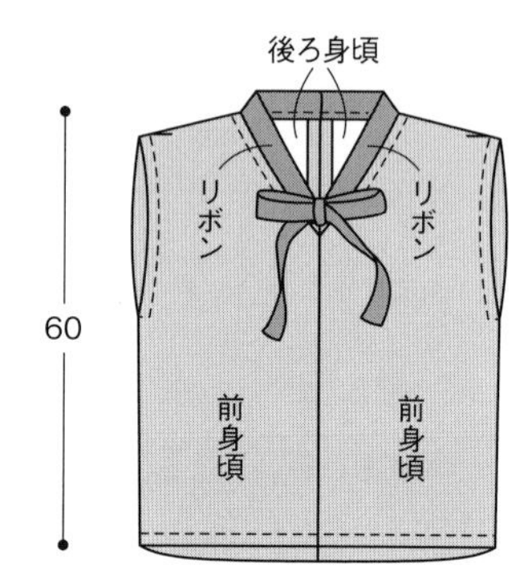

後ろスカート
62
前スカート
前スカート
前中央スカート

<ブラウス>

1.後ろ中心を縫う

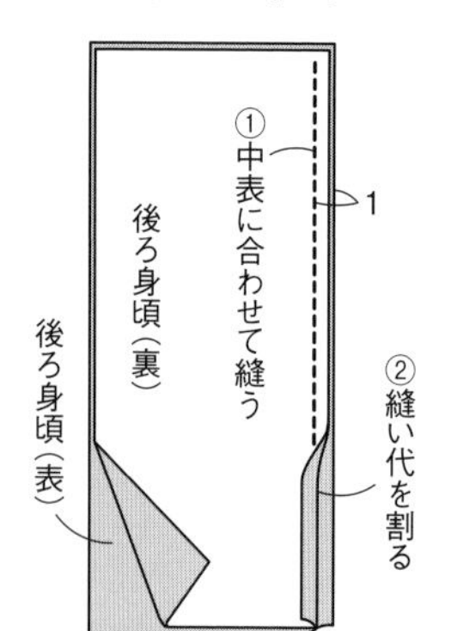

2.前身頃のえりぐりを作る

①折り山に印をつける
14
14
20
②伸びどめ接着テープを貼る
②
前身頃（裏）
前身頃（裏）
③折る
④
④2、3針手縫いでとめる
3
⑤伸びどめ接着テープを貼る
（裏）
（裏）

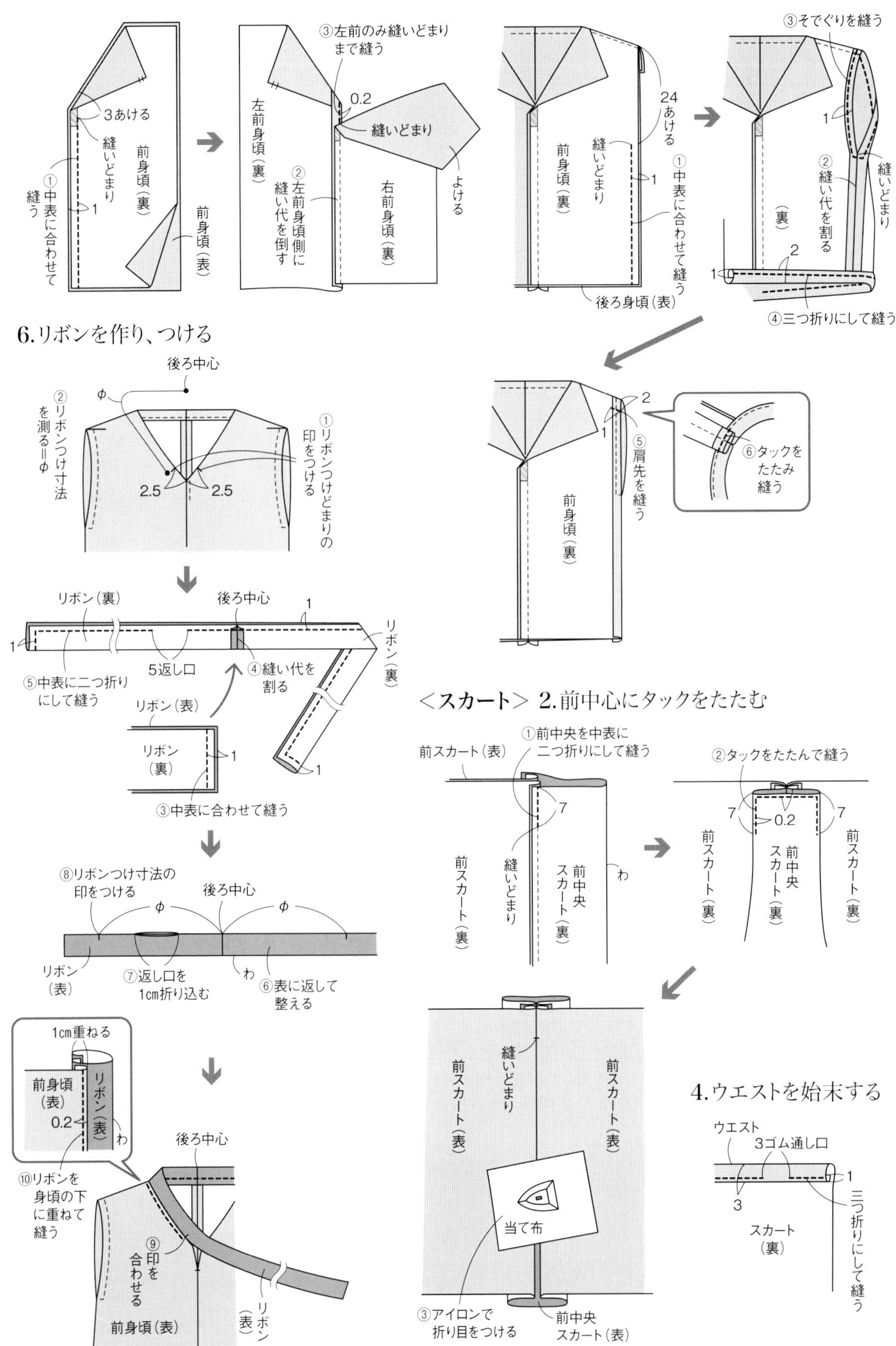
3.前中心を縫い、あきを作る
3あける
縫いどまり
①中表に合わせて縫う
1
前身頃(裏)
前身頃(表)
③左前のみ縫いどまりまで縫う
0.2
縫いどまり
左前身頃(裏)
②左前身頃側に縫い代を倒す
右前身頃(裏)
よける
5.脇を縫い、そでぐりとすそを始末する
24あける
縫いどまり
前身頃(裏)
1
①中表に合わせて縫う
後ろ身頃(表)
③そでぐりを縫う
1
②縫い代を割る
縫いどまり
(裏)
2
1
④三つ折りにして縫う
2
1
⑤肩先を縫う
⑥タックをたたみ縫う
前身頃(裏)
6.リボンを作り、つける
後ろ中心
φ
②リボンつけ寸法を測る=φ
①リボンつけどまりの印をつける
2.5
2.5
リボン(裏)
後ろ中心
1
1
5返し口
④縫い代を割る
⑤中表に二つ折りにして縫う
リボン(裏)
リボン(表)
リボン(裏)
1
1
③中表に合わせて縫う
⑧リボンつけ寸法の印をつける
後ろ中心
φ
φ
リボン(表)
⑦返し口を1cm折り込む
わ
⑥表に返して整える
1cm重ねる
前身頃(表)
リボン(表)
0.2
わ
⑩リボンを身頃の下に重ねて縫う
後ろ中心
⑨印を合わせる
前身頃(表)
リボン(表)
<スカート> 2.前中心にタックをたたむ
①前中央を中表に二つ折りにして縫う
前スカート(表)
7
縫いどまり
前スカート(裏)
前中央スカート(裏)
わ
②タックをたたんで縫う
7
0.2
7
前スカート(裏)
前中央スカート(裏)
前スカート(裏)
縫いどまり
前スカート(表)
前スカート(表)
当て布
③アイロンで折り目をつける
前中央スカート(表)
4.ウエストを始末する
ウエスト
3ゴム通し口
1
3
三つ折りにして縫う
スカート(裏)

ふたえリュック

Photo P28

材料
帯…1本
内袋用の別布（厚地の綿）…帯幅×82㎝
直径0.6㎝の合皮の丸ひも…175㎝を2本
直径1.2㎝の丸カン…2個

作り方 ※布端の処理はP33を参照
1 袋布の脇を縫う
2 内袋の脇を縫う
3 袋布と内袋を合わせて袋口を縫う
4 ひもを通し、丸カンをつける

●裁断寸法（縫い代を含めた寸法）

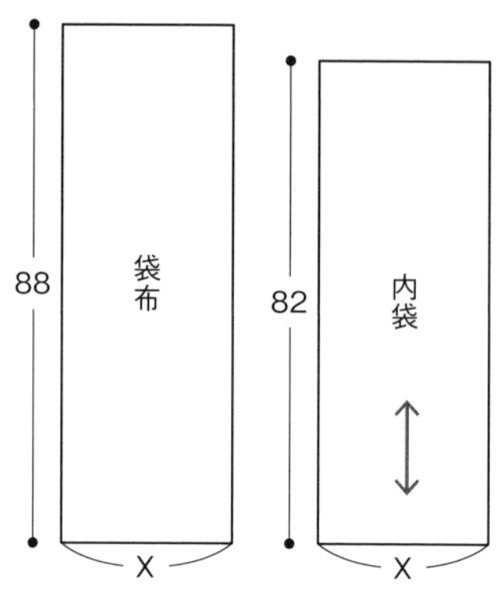

1.袋布の脇を縫う

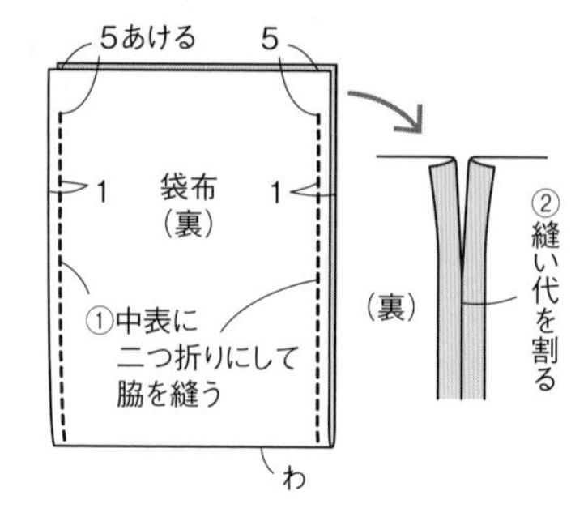

2.内袋の脇を縫う

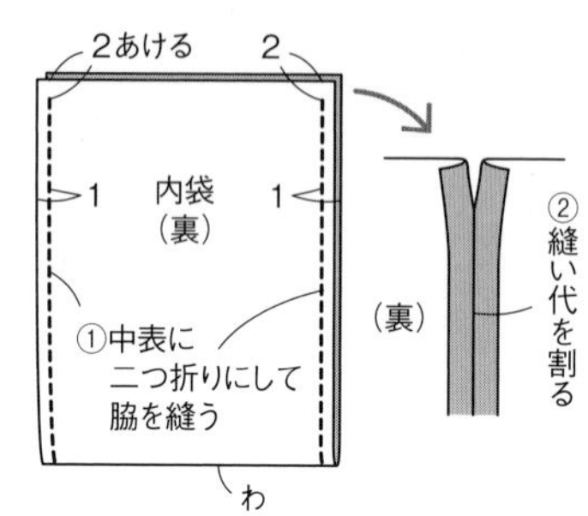

●でき上がり図

内袋
41
袋布
丸カンに
通して結ぶ
ひも

3.袋布と内袋を合わせて袋口を縫う

②あき部分のまわりを縫う
3㎝の差
袋布（裏）
0.2
内袋
（表）
①袋布と内袋を
重ねる
袋布（表）
1
2
内袋
（表）
③三つ折りにして
縫う

4.ひもを通し、丸カンをつける

ひもの通し方
①ひもを通す
丸カン
②丸カンを
手縫いでつける
（内袋と一緒に）

ふさふくろ

Photo P28

材料
帯…1本
内袋用の別布（綿）…帯幅×76㎝
1.5㎝幅の羽織ひも（ふさつき）…39㎝を2本

作り方 ※布端の処理はP33を参照
1 袋布の底を縫う
2 袋布の脇を縫い、ひもをつける
3 内袋の脇を縫う
4 袋布と内袋を合わせて袋口を縫う

●裁断寸法（縫い代を含めた寸法）

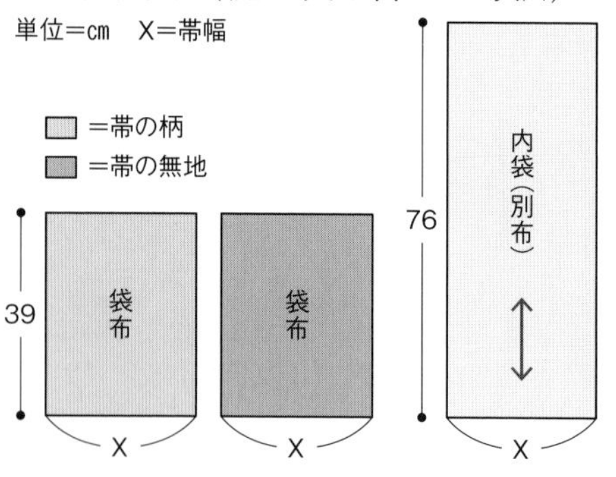

●でき上がり図

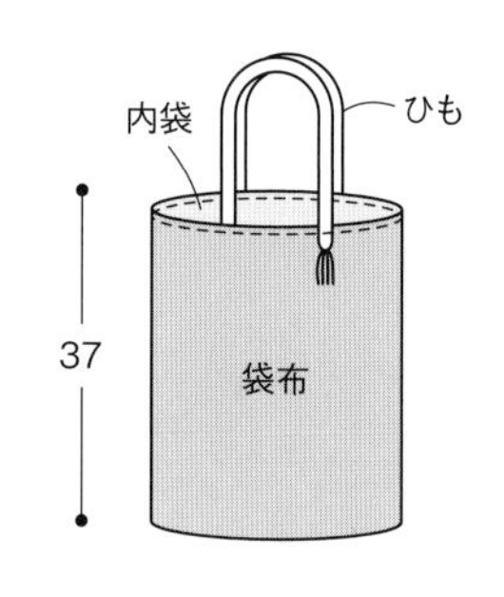

1.袋布の底を縫う

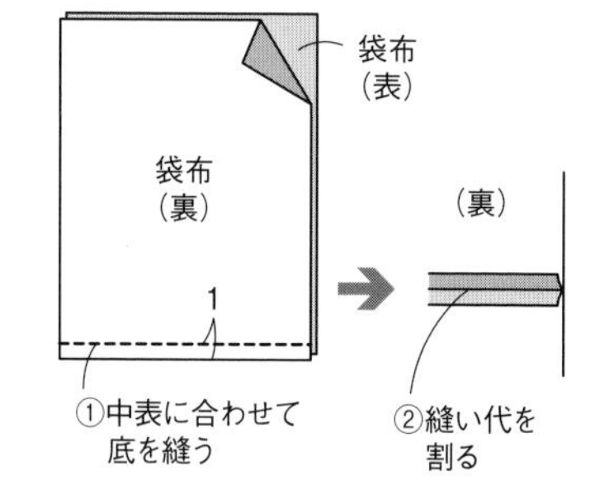

2.袋布の脇を縫い、ひもをつける

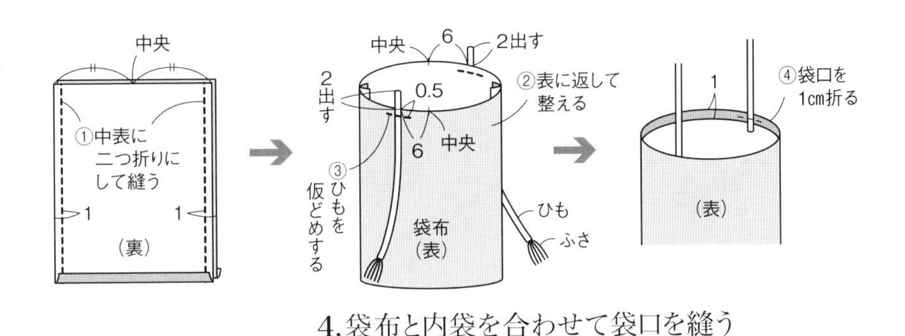

3.内袋の脇を縫う

4.袋布と内袋を合わせて袋口を縫う

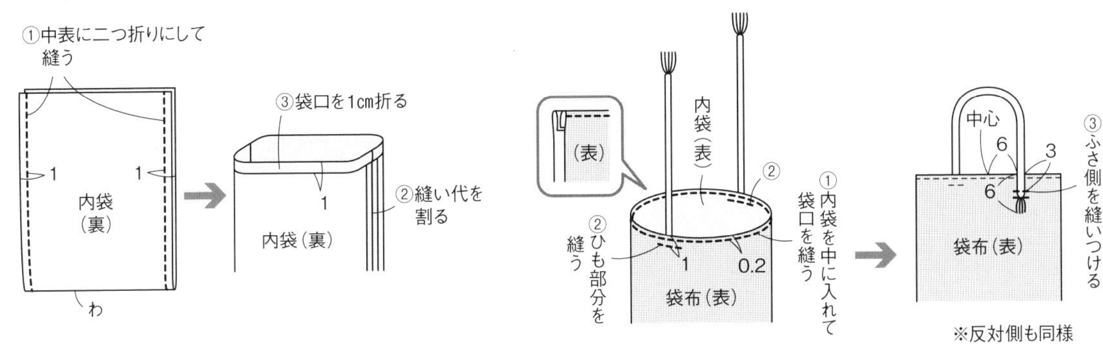

あわせポシェット

Photo P28

材料

帯…1本
内袋用の別布…帯幅×36cm
太さ1cmの丸ひも…127cm
直径2cmのマグネットボタン…1組

作り方 ※布端の処理はP33を参照

1 袋布と内袋の脇をそれぞれ縫い、まちを作る
2 ふたを作る
3 袋布にひもとふたをつける
4 袋布と内袋を合わせて袋口を縫う

●裁断寸法(縫い代を含めた寸法)

単位=cm X=帯幅

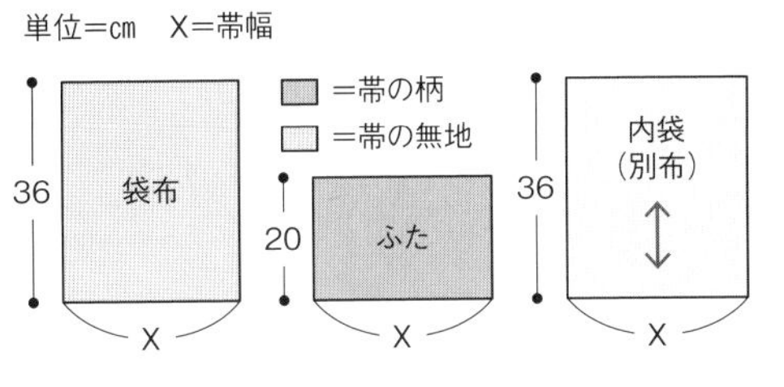

●でき上がり図

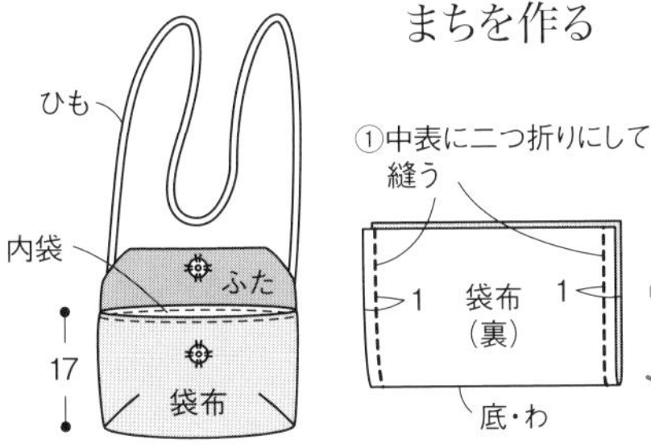

1.袋布と内袋の脇をそれぞれ縫い、まちを作る

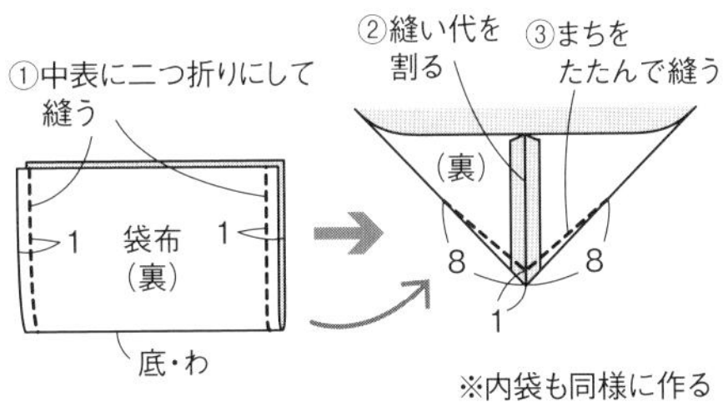

2.ふたを作る

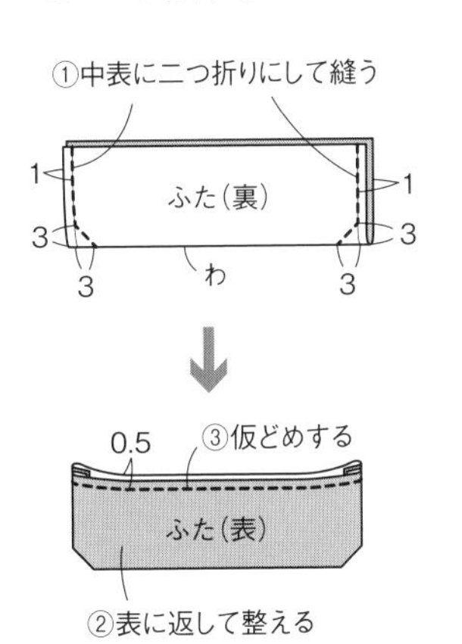

3.袋布にひもとふたをつける

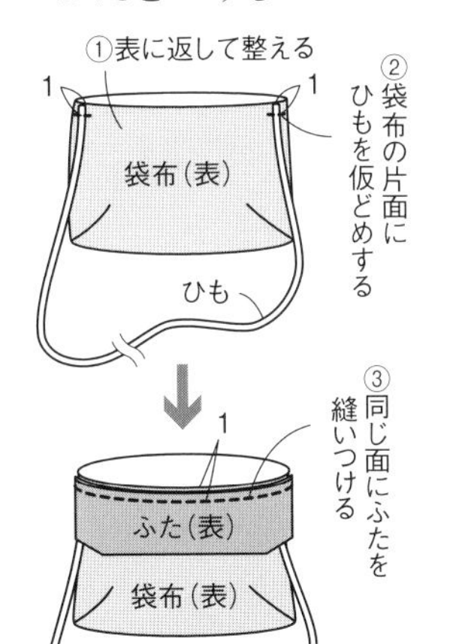

4.袋布と内袋を合わせて袋口を縫う

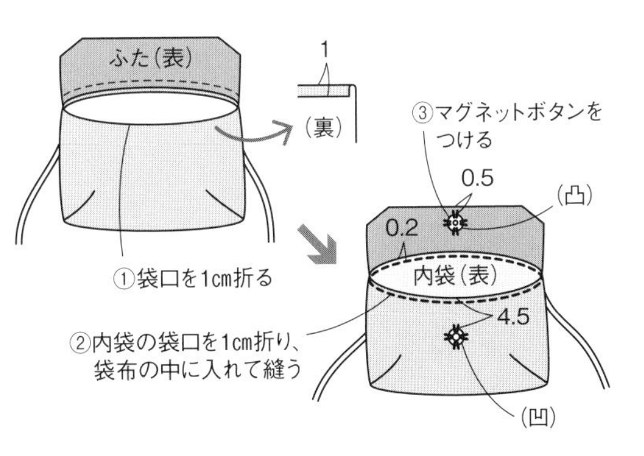

あわせワンピース／ロング

Photo P20,21

（あ）
ロング

（い）

材料
羽織…1枚
1.2㎝幅の伸びどめ接着テープ
…100㎝

胸囲98㎝

作り方 ※布端の処理はP33を参照

1 前身頃のえりぐりを作る
2 前身頃の中心を合わせ、ウエストのダーツを縫う
3 後ろ中心を縫う
4 肩を縫う
5 脇身頃と前後身頃を縫い合わせ、そでぐりを始末する（P51の4参照）
6 スカートの前中心、後ろ中心をそれぞれ縫い、タックをたたむ
7 スカートの脇を縫い、すそを始末する
8 身頃とスカートを縫い合わせる

●裁断寸法（縫い代を含めた寸法）

単位＝㎝ Z＝羽織のえり・そで・後ろ身頃の幅

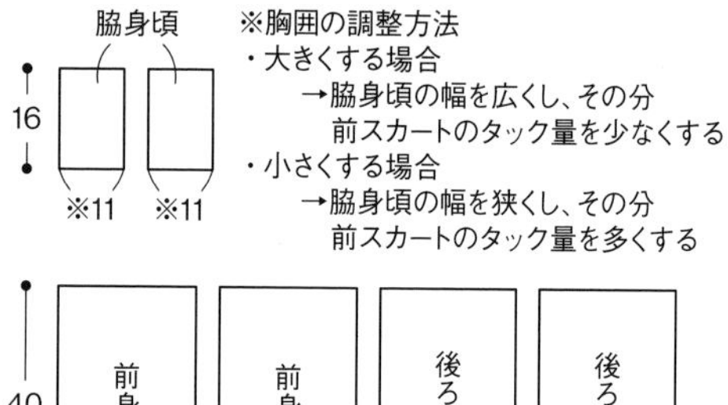

※胸囲の調整方法
・大きくする場合
→脇身頃の幅を広くし、その分前スカートのタック量を少なくする
・小さくする場合
→脇身頃の幅を狭くし、その分前スカートのタック量を多くする

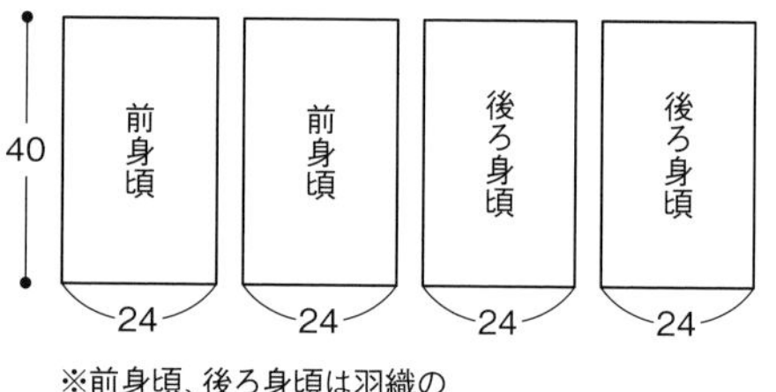

※前身頃、後ろ身頃は羽織の前身頃を使用

（あ）86（い）76
前スカート
前スカート
後ろスカート
後ろスカート
Z Z Z Z

●でき上がり図

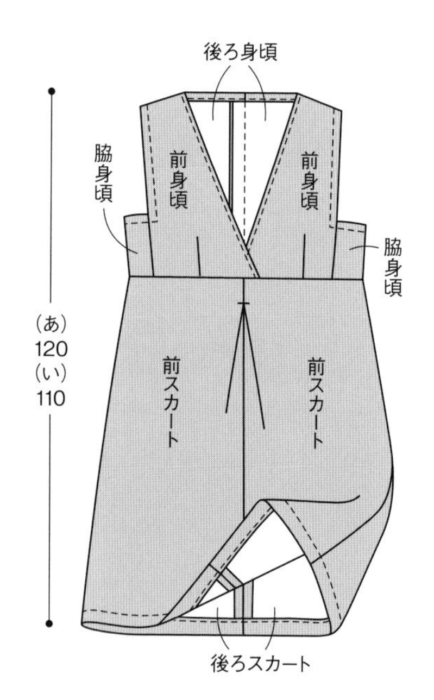

1.前身頃のえりぐりを作る

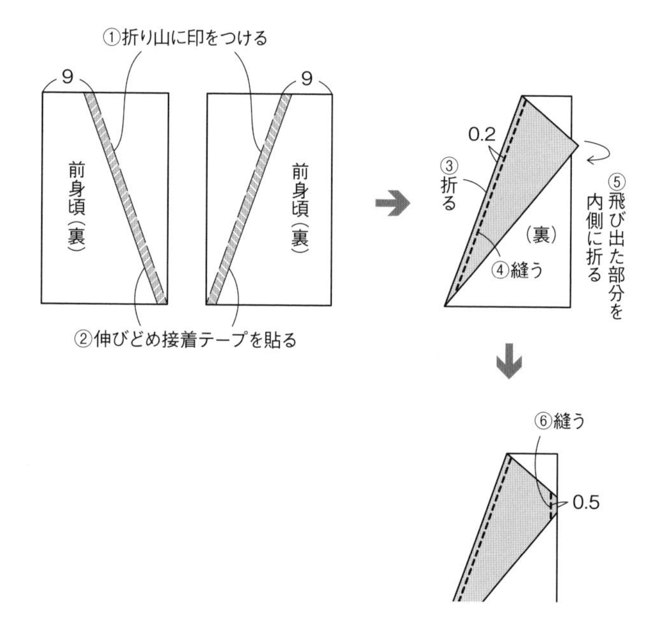

2.前身頃の中心を合わせ、ウエストのダーツを縫う

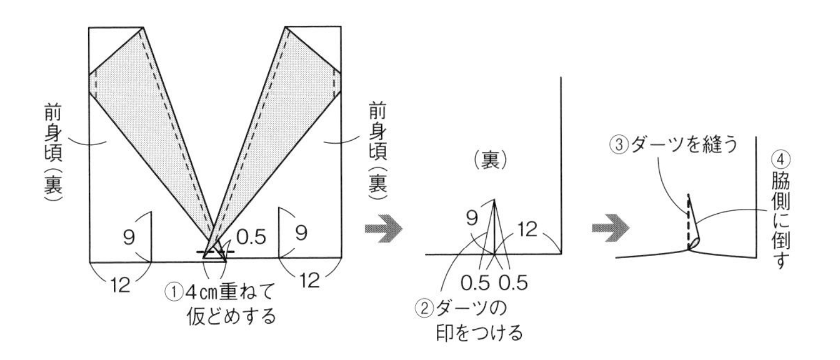

3.後ろ中心を縫う

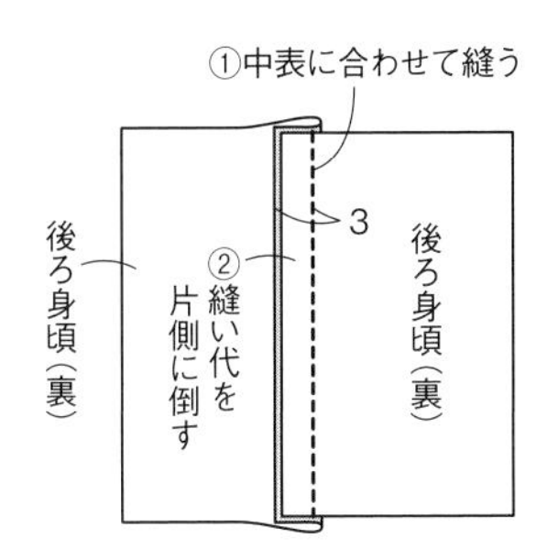

4.肩を縫う

6.スカートの前中心、後ろ中心をそれぞれ縫い、タックをたたむ

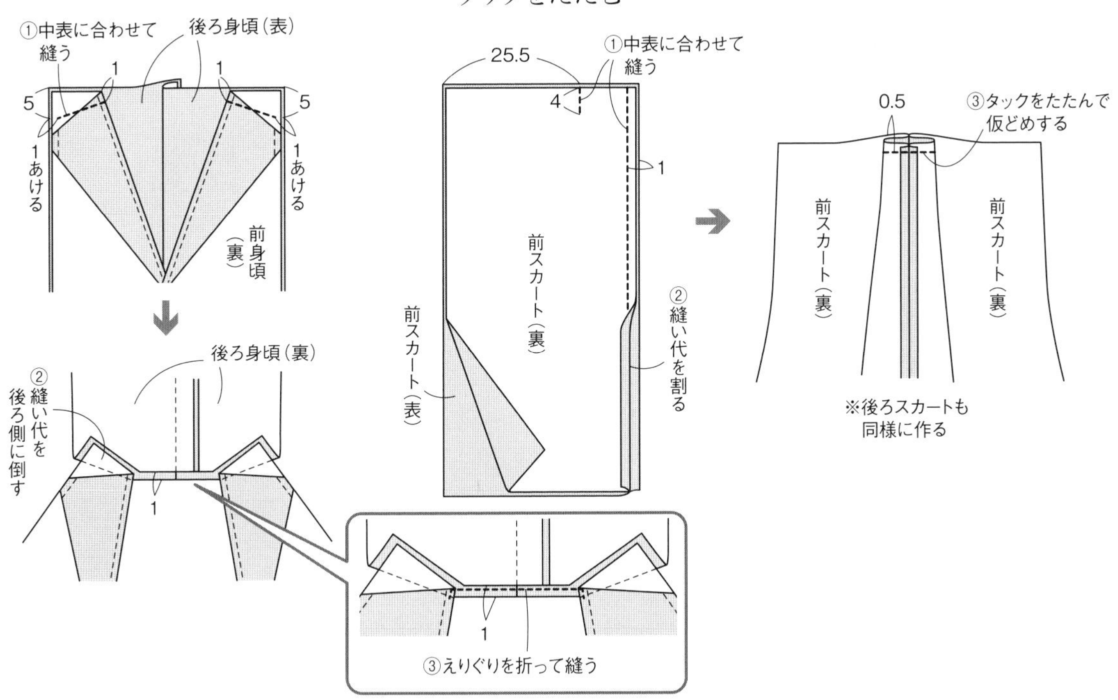

7.スカートの脇を縫い、すそを始末する

8.身頃とスカートを縫い合わせる

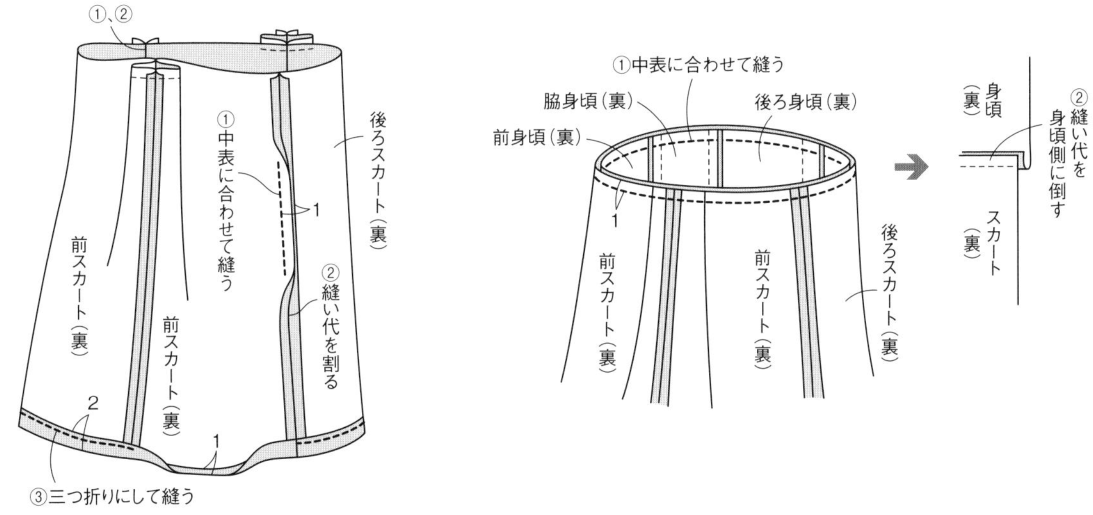

おびトート／よこなが

Photo P29

（あ）　（い）よこなが

材料
袋帯…1本

作り方　※布端の処理はP33を参照

（あ）1 袋布の底を縫う
2 ポケットをつける
3 脇を縫い、まちを作る
4 持ち手を作り、つける

（い）2以外の作り方は（あ）参照

●裁断寸法（縫い代を含めた寸法）

単位=cm　X=帯幅
※袋帯は2枚の布が重なった状態のまま裁断する。

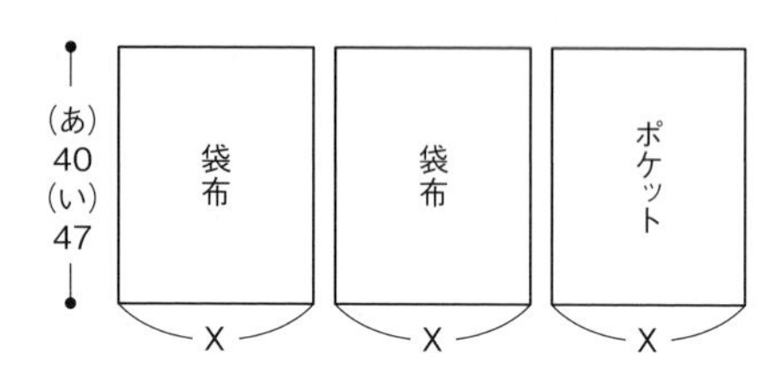

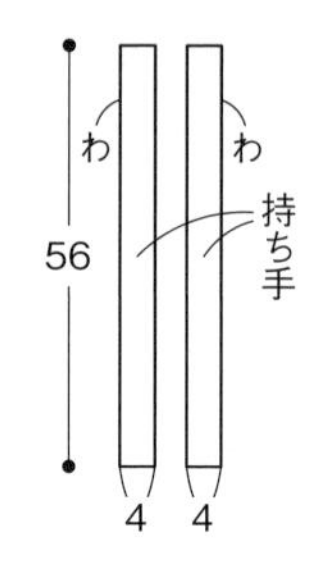

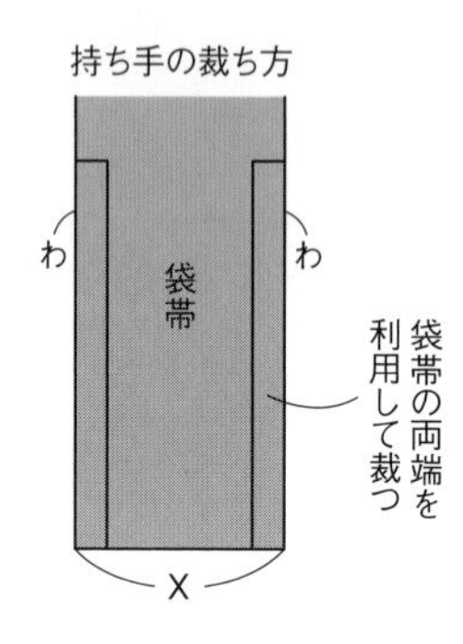

●でき上がり図

（あ）

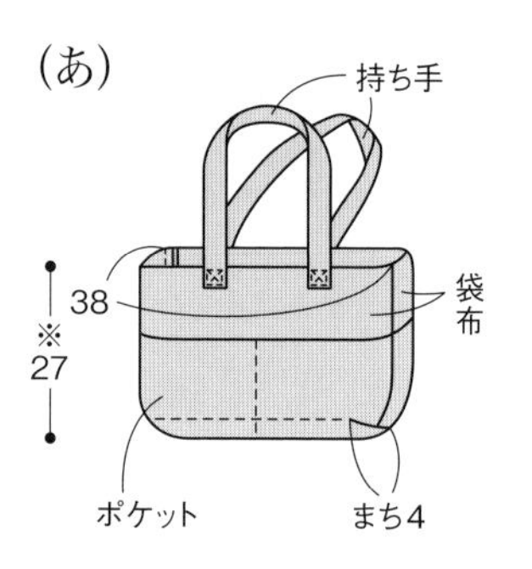

1.袋布の底を縫う

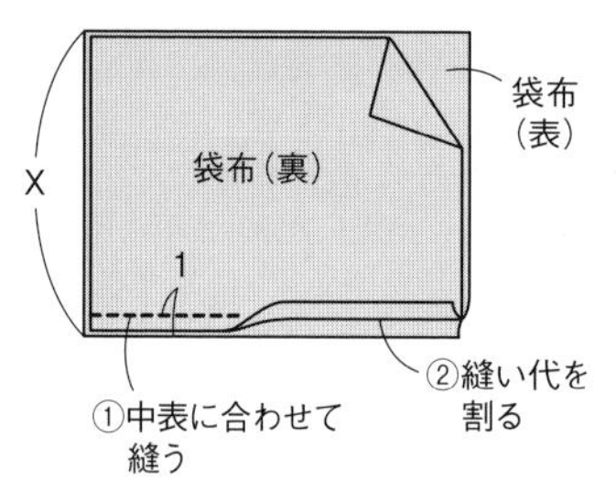

2.ポケットをつける

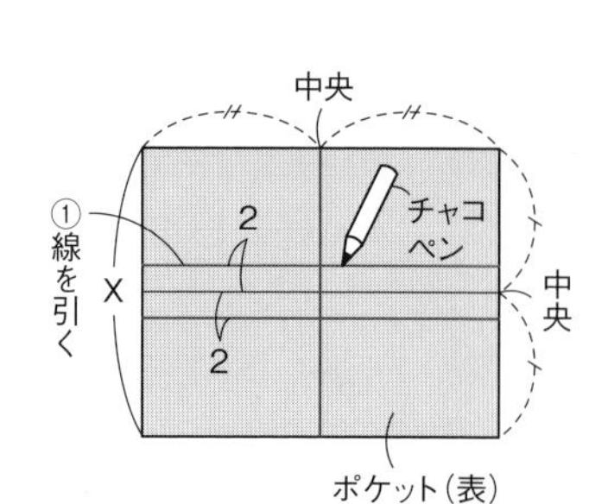

※でき上がりサイズは帯幅により異なる

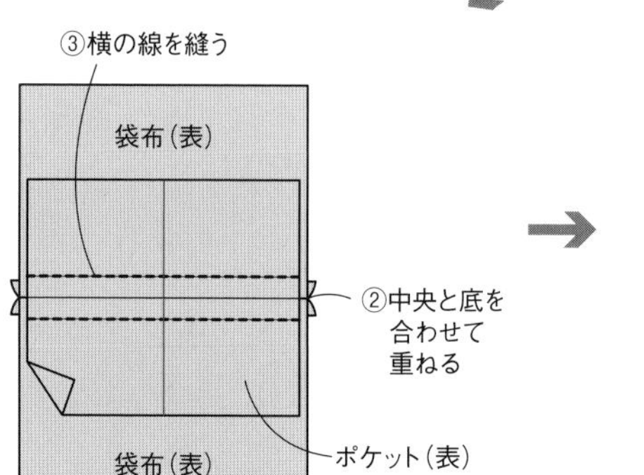

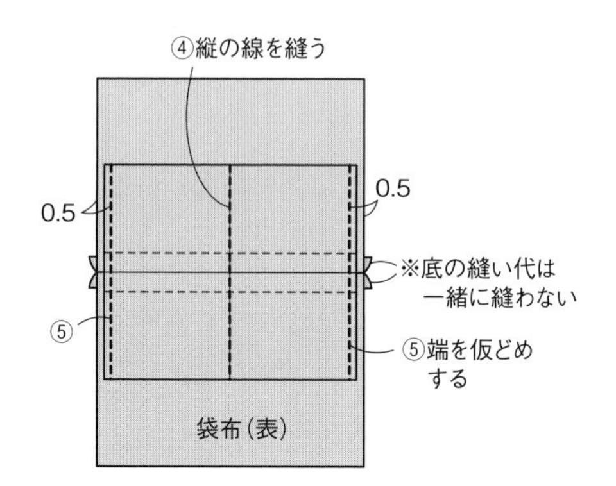

3.脇を縫い、まちを作る

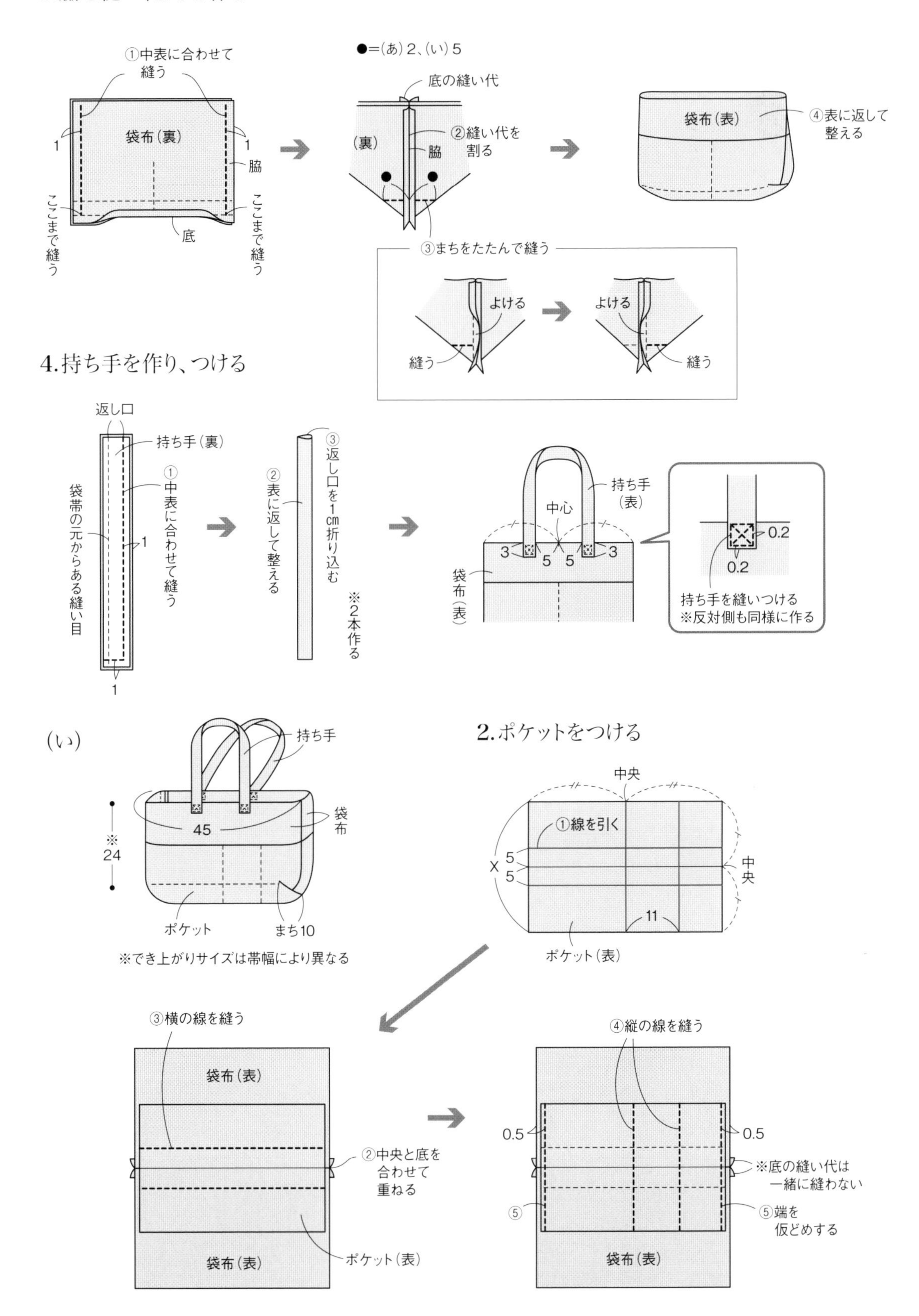
①中表に合わせて
縫う
袋布（裏）
1
1
脇
ここまで縫う
ここまで縫う
底
●=（あ）2、（い）5
底の縫い代
（裏）
②縫い代を
割る
脇
③まちをたたんで縫う
よける
縫う
よける
縫う
袋布（表）
④表に返して
整える
4.持ち手を作り、つける
返し口
持ち手（裏）
①中表に合わせて縫う
袋帯の元からある縫い目
1
1
②表に返して整える
③返し口を1cm折り込む
※2本作る
持ち手
（表）
中心
3
5
5
3
袋布（表）
0.2
0.2
持ち手を縫いつける
※反対側も同様に作る
（い）
持ち手
袋布
45
※
24
ポケット
まち10
※でき上がりサイズは帯幅により異なる
2.ポケットをつける
中央
①線を引く
X
5
5
中央
11
ポケット（表）
③横の線を縫う
袋布（表）
②中央と底を
合わせて
重ねる
袋布（表）
ポケット（表）
④縦の線を縫う
0.5
0.5
※底の縫い代は
一緒に縫わない
⑤
⑤端を
仮どめする
袋布（表）

Profile

松下純子

Junko Matsushita
(Wrap Around R.)

神戸出身、大阪在住。文学部を卒業後、水着パタンナーとして就職。2005年にWrap Around R.(ラップアラウンドローブ)を立ち上げ「着物が持つ豊かな柄や素材を、今の暮らしにあったカタチにして提案したい」という思いから、着物の幅を生かした服作りをコンセプトに活動し評判に。現在、テレビや雑誌で活躍中。築90年の町家を再生したアトリエ兼ショールームでは、着物リメイク教室や「暮らしを、継ぐ。」をテーマにさまざまな展覧会、ワークショップを開催している。アトリエ名はRojiroom(ロジルーム)。

著書に『型紙いらずの着物リメイク・ドレス』『型紙いらずの着物リメイク・ワードローブ』『型紙いらずの着物リメイク・パンツ&スカート』『型紙いらずの「黒着物」リメイク』『型紙いらずの着物リメイク チュニック&ワンピース』『型紙いらずの着物リメイク はおりもの』『型紙いらずの着物リメイク 1枚の着物でセットアップ』(以上小社刊)、『ゼロからはじめる手縫いの楽しみ ちくちく和小物』(青春出版社) など。

ホームページ「Wrap Around R.」http://w-a-robe.com/
教室の日程、展覧会の情報などはこちら。

衣装協力

TITLES
東京都渋谷区千駄ヶ谷3-60-5
オー・アール・ディ 原宿ビル1F
電話 03-6434-0421

The Tastemakers & Co.
東京都港区南青山7-9-1
電話 03-5466-6656

fog linen work
東京都世田谷区代田5-35-1
電話 03-5432-5610

Staff

ブックデザイン	釜内由紀江、石川幸彦(GRiD)
撮影	下村しのぶ(カナリアフォトスタジオ)
スタイリング	池水陽子
ヘアメイク	梅沢優子
モデル	芽生(Gunn's)
製図と作り方原稿	網田洋子
編集協力	岡田範子
トレース	松尾容巳子
縫製アシスタント	清水真弓、浅香美佐子、阪本真美子
編集	斯波朝子(オフィスCuddle)

本書の内容に関するお問い合わせは、お手紙かメール(jitsuyou@kawade.co.jp)にて承ります。恐縮ですが、お電話でのお問い合わせはご遠慮くださいますようお願いいたします。

**型紙いらずの着物リメイク
羽織と帯でつくるワードローブ**

2018年10月20日 初版印刷
2018年10月30日 初版発行

著者 松下純子
発行者 小野寺優
発行所 株式会社河出書房新社
〒151-0051
東京都渋谷区千駄ヶ谷2-32-2
電話 03-3404-1201(営業)
03-3404-8611(編集)
http://www.kawade.co.jp/

印刷・製本 図書印刷株式会社

Printed in Japan
ISBN978-4-309-28699-0